LETTRE

DE MESSIEURS

DES MISSIONS

ÉTRANGERES

AU PAPE,

SUR LES IDOLATRIES

ET

SUR LES SUPERSTITIONS

CHINOISES.

LETTRE

AU PAPE,

SUR

LES IDOLATRIES

ET LES SUPERSTITIONS

CHINOISES.

TRES-SAINT PERE,

La connoiſſance que nous avons du zele que Dieu a inſpiré à VOSTRE SAINTETE' pour la propagation de la foy; & l'heureuſe experience que nous avons faite des diſpoſitions favorables qu'elle a marquées juſqu'à preſent pour l'extinction des Idolatries

& des Superstitions Chinoises, nous
persuade qu'Elle recevra avec bonté le
compte que nous nous croyons obligez
de luy rendre de ce qui se passe en
France sur cette grande affaire, &
qu'Elle nous permettra d'y joindre
quelques éclaircissemens qui nous ont
paru necessaires.

Les Jesuites répandent de toutes
parts des livres si artificieusement écrits
& accompagnent les presens qu'ils en
font à tous leurs amis de discours si
propres à imposer, qu'il seroit à craindre qu'à la fin la verité n'en souffrist
beaucoup, & n'en demeurast comme
accablée.

Il est vray, TRES-S. PERE, que
quand ils auroient surpris toute la
Cour, tout Paris, tout le Royaume,
leur cause n'en vaudroit pas mieux à
Rome, où elle doit estre jugée ; mais
nous sçavons aussi que le mal se com-
munique ; que des esprits prevenus en
previennent d'autres ; que ces préven-
tions peuvent estre portées jusqu'en
Italie, où elles pourroient exciter de
nouveaux nuages & répandre de nouvelles tenebres en la place de celles qui
ont déja tant cousté à dissiper ; &
que par là les Jesuistes arriveroient

peut-estre à la fin qu'ils se proposent, qui est d'embroüiller & de retarder.

VOSTRE SAINTETE' jugera mieux que nous des moyens qu'elle doit prendre pour les reprimer. Nous la conjurons seulement de donner quelque attention à ce que nous prenons la liberté de luy écrire; & elle verra bien, après avoir entendu la lecture de cette Lettre, que nous y avons cherché quelque chose de plus qu'une simple consolation.

Rien n'a esté capable jusqu'icy de nous faire rompre le profond silence que nous avions resolu depuis long-temps de garder en France. Il y a vingt ans que nous nous abstenons également & de parler & d'écrire. Ni les coups secrets qu'on nous a portez, ni les bruits desavantageux qu'on a répandus contre nous, ni les faux recits qu'on a faits des affaires des Missions, ni les libelles injurieux qu'on a semez en divers endroits contre les Evêques & contre les Ouvriers Apostoliques des Indes, ne nous ont point paru des motifs suffisans pour nous engager à répondre. Nous nous sommes même abstenus durant ce long intervalle, de continuer nos Relations qui estoient

de quelque édification pour l'Eglise,
parce que nous sentions bien dans nôtre ame que nous ne pouvions les donner, sans dire la verité; & que nous
ne pouvions la dire, sans faire beaucoup de peine à ceux qui ne la disoient
pas. Verité au reste qui ne nous paroissoit pas d'une consequence assez
grande pour nous obliger à en prendre
ouvertement la défense : Car que l'on
raconte, par exemple, le renversement de Siam tout autrement qu'il
n'est arrivé ; ou que l'on fasse de M.
Constance un Heros aussi fabuleux que
ceux des Romans, qu'importe ? Le
peuple credule sera trompé; & c'est
tout. La Religion n'en souffrira pas un
grand dommage.

Nous sçavions de plus combien il est
dangereux d'avoir affaire à une nombreuse Societé pleine de gens d'esprit
& de merite:mais pleine aussi de jeunes
gens accoutumez aux déclamations,
qui ne cherchent que l'occasion de
s'exercer & même de se signaler ; &
qui regardent les sujets les plus graves
& les plus serieux, comme les plus
propres à faire valoir leurs talens, & à
acquerir une espece d'éloquence qui
leur est utile. Il ne seroit pas prudent,

disions-nous, de nous mesurer avec eux. Ne nous engageons point à refuter tout ce qu'il leur plaira de dire, peut-estre un peu trop legerement. C'est une eau qui coule & qui se tarit bien-tost. Tout cela ne vaut pas le temps qu'on employeroit à le relever.

Une raison plus forte encore nous obligeoit à demeurer envolopez dans nostre patience. Il est difficile que les disputes ne produisent pas toûjours quelque scandale. Nous le craignions, Tres-S. Pere. Il paroist que sur l'affaire dont il s'agit, les Jesuites l'aprehendent peu. Ils ont leurs raisons; mais nous qui n'en sçavons pas tant, nous avons esté reduits à nous en tenir litteralement à l'Evangile.

Un nouveau motif s'offre aujourd'hui qui nous autoriseroit plus que jamais à entreprendre publiquement, pour l'œuvre de Dieu qui nous est confié, une défense que la sagesse chrestienne nous avoit interdite jusqu'à present; si nous n'aimions mieux nous en tenir à nostre premiere moderation, en nous contentant de nous adresser au Saint-Siege. Ce n'est plus nous precisément qu'on attaque, c'est la Religion. Les Jesuites s'obstinent par des écrits réïterez à vouloir juftifier par tout les Idolatries & les Superftitions de la Chine. Rien ne les arrefte ; ni le refpect dû à la verité, ni le zele pour la pureté du culte Evangelique , ni les remontrances qu'on leur a faites , ni la droiture de la raifon qui fe trouve offenfée en mille endroits de leurs ouvrages. Il fuffit qu'ils ayent entrepris de fouftenir un fentiment. Tout eft mis en œuvre pour le défendre ; & il faut que ce fentiment prévale , à quelque prix que ce puiffe eftre.

L'autheur de la Lettre à M. le Duc du Maine , il y a quatre mois.

Il y avoit lieu d'efperer que le Livre plein de fageffe & de force, qui fut publié il y a quelques mois fous le titre d'Apologie des Dominicains, pourroit leur ouvrir les yeux. Il nous ont protefté à nous-mémes qu'ils ne l'avoient pas feulement voulu lire. Dieu vueille que ce ne foit pas comme cet homme dont parle le Roy Prophete, qui refufe d'eftre éclairé, de peur d'eftre obligé de bien faire.

Dans la Lettre qui vient d'eftre imprimée à Liege, parce que M. le Chancelier en avoit arrefté l'impreffion à Paris, ce fage Miniftre jugeant bien qu'un pareil libelle eftoit dangereux , le P. Jefuite qui en eft l'autheur porte la

beauté & la hardiesse de la fiction plus
loin que tous ses confreres. Se souve-
nant qu'il a fait un voïage à la Chine
en qualité de Mathematicien, il croit
estre en droit de faire de nouveaux Sis-
têmes, & de dresser des plans à plaisir
sur les ceremonies Chinoises. Il dimi-
nuë celles qui se font en l'honneur de
Confucius, & il grossit celles qu'on
employe à honorer l'Empereur & les
Mandarins, pour les raprocher toutes,
pour les confondre, & pour donner à
entendre, qu'il n'y a plus rien dans
tout cela qui doive blesser la pieté
chrestienne : & que tout ce qui se passe
à l'égard des morts & des vivans, des
Dieux & des hommes, c'est la même
chose.

Par des interpretations ingenieuse-
ment trouvées, il change aussi bien
que quelques-uns de sa Societé les
noms & les notions ordinaires, Ce
qu'on appelloit *le trône de l'esprit*
ou *le siege de l'ame*, il le nomme *l'i-
mage* ou *la representation de l'homme.*
Ce que les dictionnaires de ses propres Peres traduisent par le nom *de
Temple*, il l'appelle une *simple salle.*
Ce qui estoit autrefois *un Sacrifice* est
devenu *un festin.* Ce que les Rituels

de l'Empire expriment par forme de prieres, est changé en complimens & en éloges. Avec cette merveilleuse facilité que ne prouve-t-on pas, & de quoy ne vient-on pas à bout ?

Il a crû certainement qu'il ne se trouveroit personne entre ceux qu'il est forcé de reconnoistre pour Catholiques, qui osast luy reprocher tout haut & à visage découvert qu'il ne disoit pas la verité.

Car son bel endroit, ou plutost l'endroit favori de tous les Ecrivains de sa Compagnie; celuy dont ils aiment le plus à se parer, & dont ils se parent en effet avec pompe en toute occasion, c'est de dire, qu'ils n'ont pour ennemis que les ennemis de la Religion; Que tous ceux qui les attaquent ou qui leur répondent, sont des Heretiques, des Jansenistes, des gens de cabale & de party, des fauteurs de Secte, des correspondans d'Heretiques, ou qui sont en societé avec ces ennemis de l'Eglise, & qui se servent *de leur plume, de leurs conseils & de leur credit.*

Il seroit peut-estre à souhaiter qu'au moins une fois en la vie on leur ostast ce specieux pretexte; & si jamais Vostre S.-AINTETE' jugeoit à propos

Lettre à M. le Duc du Maine, pag. 1. 159. & suiv.

que ce que nous avons l'honneur de
luy écrire devint public, nous la sup-
plierions trés-humblement de trouver
bon que l'ouvrage parust avec nostre
nom.

Si nostre nom ne suffisoit pas, nous
y ajoûterions, quand il plairoit aux
Jesuites, nostre Profession de Foy aussi
ample qu'ils la pourroient souhaiter;
pourvû toutefois que nous n'y meslas-
sions pas les erreurs qu'ils défendent
aujourd'huy, & qu'en disant que nous
croyons fermement qu'il faut adorer
Dieu, & honorer les Saints, nous ne
dissions pas en même temps, qu'il
faut aussi adorer le Ciel & offrir des
Sacrifices à Confucius.

Ils se font déja plaints d'un Ecrit
assez court que nous avions envoyé à
Rome il y a quelques mois, pour servir de Memoire aux Cardinaux de la
sacrée Congregation, & qui depuis
estant tombé, à nostre insçû, entre les
mains d'un Imprimeur de Bruxelles,
a esté mis sous la Presse sans que nous
nous en soyons meslez. Ce n'est presque qu'un simple recit de ce qui se
passe dans les ceremonies les plus solemnelles de Confucius, parce que
nous avons toûjours regardé ce point

On le trou-
vera à la fin
de cette Let-
tre.

là comme le plus important de la quê-
tion. Les Jefuites ne prouveront jamais qu'il y ait aucune alteration dans
l'expofition des faits, ni aucune con-
tradiction veritable entre ce que nous
avons écrit à Paris, & ce qui avoit efté
écrit dans Rome.

Pour tous les autres Livres imprimez
fur ce fujet en quelque Langue que ce
puiffe eftre, nous proteftons que nous
n'y avons aucune part. Nous ne fça-
vons pas même encore aujourd'huy,
malgré toutes nos perquifitions, comment ni par l'ordre de qui l'impreffion de l'Hiftoire du Culte des Chinois
en latin a efté faite, & comme nous
n'avons jamais eu deffein d'emprunter
aucune plume ni fufpecte ni étrangere,
nous ferons auffi toûjours difpofez à
avoüer de bonne foy tout ce qui par-
tira de la noftre.

Si l'air de plainte ne nous paroiffoit
pas odieux, nous aurions bien lieu de
le prendre à l'occafion des reproches
calomnieux qu'on ne craint pas de
nous faire dans la derniere Lettre
adreffée à M. le Duc du Maine, d'avoir
fourni des Memoires aux Heretiques
& aux ennemis de la Societé. Nous ne
l'avons jamais fait ; & nous ferions

prests à donner non-seulement la permission, mais le défi à quiconque en auroit la moindre connoissance, de le declarer sans garder nulles mesures avec nous.

VOstre Sainteté n'a pas oublié qu'après que le Pape Innocent X. eut condamné solemnellement en l'année 1645. toutes les Idolatries & toutes les superstitions Chinoises, declarant par un Decret authentique, qu'elles ne pouvoient jamais estre permises, quand tous les Predicateurs de l'Evangile devroient estre chassez de la Chine, & que la Religion même y devroit perir : les Jesuites qui n'estoient pas de ce sentiment, & qui le trouvoient fort incommode, eurent peine à s'y soumettre. Ils furent long-temps à chercher comment ils pourroient revenir contre ce qui avoit esté reglé. D'une part il ne leur paroissoit pas facile de faire revoquer un Decret du Souverain Pontife, rendu avec connoissance de cause, & qui leur avoit esté signifié dans toutes les formes. D'autre part, ce Decret leur pesoit étrangement sur les épaules, & ils ne pouvoient se resoudre à laisser en son entier une piece qui s'éleveroit éternellement contre eux pour leur reprocher, & le mauvais party où ils s'estoient jettez, & leur desobeïssance, s'ils persistoient à y demeurer.

Voicy l'expedient que leur esprit leur fournit, pour se tirer de ce mauvais pas.

Il n'y avoit pas d'apparence de venir dire à Rome, & le dire sans preuves, Que l'exposition des Superstitions Chinoises qu'on y avoit faite en 1645. n'estoit pas sincere; la chose estoit trop publique dans toute la Chine, & les pierres mêmes, comme parle l'Ecriture, auroient crié, pour attester la verité.

Les Jesuites auroient bien pû dès ce temps-là, comme ils le font aujourd'huy, donner à toutes ces ceremonies une interpretation de leur façon, qui changeast la face des choses, & qui les mist dans un autre point de vûë Mais outre que ce secret n'estoit pas encore tout-à-fait imaginé, ils entrevirent assez qu'il ne les conduiroit pas où ils vouloient arriver. Car enfin, quelque bon tour qu'on pust donner à ces ceremonies profanes, il estoit dangereux de les reprefenter toutes enfemble. Quand on les voit reünies, elles ont je ne fçay quoy qui n'auroit jamais efté du gouft de l'Eglife, & qui leur auroit infailliblement attiré quelque feconde Cenfure.

L'habileté fut donc de choifir entre ces ceremonies ce qui paroiffoit de plus innocent, comme font, par exemple, les reverences que les Bacheliers font à Confucius en le reconnoiffant pour leur Maiftre, & quelques autres femblables; de les tourner & de les racommoder même un peu, & d'en compofer une queftion facile à refoudre, fur laquelle il faudroit tâcher d'obtenir à Rome une réponfe favorable, perfuadez que fi une fois cette réponfe eftoit obtenuë, tout feroit gagné; & qu'avec elle, comme avec un inftrument dont la force ne trouve rien qui luy refifte, ils entraifneroient tout le refte.

Il vinrent donc à Rome en 1656. propoferent leur queftion habilement tournée, obtinrent la réponfe qu'ils fouhaitoient, & s'en retournerent triomphans dans la Chine, où ils ne craignirent pas de faire entendre que le Decret de 1645. qui avoit condamné les ceremonies Chinoises, estoit enfin revoqué. La preuve en estoit dans leur main, ou pour mieux dire, dans leur esprit. On nous a répondu à Rome que les Bacheliers pouvoient faire la reverence à Confucius comme à leur Maistre. Il ne peut jamais estre permis de faire la reverence à un objet d'idolatrie : Confucius n'est donc pas un objet d'idolatrie, & tous les honneurs qu'on luy rend à la Chine, sont innocens & permis. Disons le vray. Ne semble-t-il pas, que par là on ait eu dessein de prendre la sacrée Congregation, le Pape & toute l'Eglise comme dans un piege : car c'est au pied de la lettre l'usage qu'on a fait de la réponse de Rome. C'est ce qui a produit à la Chine pour les Jesuites un vain triomphe, & avec ce vain triomphe, des maux incroyables.

Ce fut pour y remedier que vos predecesseurs, TRES-S.-PERE, envoyerent dans ce vaste Empire les Vicaires Apostoliques, à qui il fut ordonné de prendre sur les lieux toutes les lumieres & toutes les connoissances necessaires pour terminer une affaire si importante à la Religion.

Surquoy il est necessaire de remarquer, que les Jesuites font injure aux Evêques & au Saint Siege, dont ces Evêques en qualité de Vicaires Apostoliques sont les Ministres, de les traiter dans cette affaire comme de simples témoins qui déposeroient ce qu'ils auroient vû, (encore ne leur font-ils pas l'honneur de recevoir leur témoignage) puisqu'il est certain que ce ne sont pas des témoins, mais des Juges à qui ils devoient tout au moins quelque déference.

C'est par là que naturellement nous nous sommes trouvez embarquez dans la contestation que les Jesuites ont excitée, & non par aucune indisposition pour eux. Nostre devoir joint à l'amour de la verité, a esté nostre seul guide, & nous nous serions également declarez contre tout autre Ordre de Religieux qui auroit entrepris de soûtenir le party des Superstitions Chinoises.

Les Vicaires Apostoliques de la Chine, après un long & rigoureux examen, font un Mandement, pour défendre à tous les fidelles soumis à leur jurisdiction, d'asister à ces malheureuses ceremonies, qu'ils jugent incompatibles avec la sainteté de la Loy chré-

tienne : N'estoient-ils pas en droit de
le faire ? Le Saint-Siege leur avoit ordonné d'en connoistre, & de regler ce
qui regardoit le culte de Dieu : N'é-
toient-ils pas dans l'obligation de s'y
appliquer ? Ils se trouvoient revestus
de l'autorité legitime : Le prejugé n'est-
il pas pour eux ? Ils se voïoient chargez
du soin des ames qu'on jettoit dans
l'égarement : Devoient-ils les laisser
perir ? Et si les Jesuites estoient aussi
obeïssans qu'ils le disent quelquefois,
n'auroient-ils pas commencé par se
soumettre ; sur tout voyant que tous
les autres Missionnaires des divers Ordres & des divers Corps se soumet-
toient ?

Qu'avons nous demandé, TRES-
S.-PERE, par la premiere Supplique
que nous avons fait presenter à VOS-
TRE SAINTETÉ ? Nulle autre
grace, sinon qu'elle eust la bonté
de faire connoistre ce qu'elle pensoit
du Mandement des Vicaires Apostoliques, si elle approuvoit qu'il fust suivi, ou si elle jugeoit à propos d'y faire
quelque changement. Pourquoy faut-
il que les Jesuites, comme un mur
d'airain, viennent s'opposer & aux
Evêques & aux resolutions que pour-

roit prendre le Saint-Siege ? Dieu qui
voit la difference des procedez, nous
fera justice.

Ce n'est pas nostre faute si ces Peres
s'engagent dans de mauvaises affaires,
& encore moins nostre faute s'ils n'en
veulent pas revenir. Celle de Confucius
sera pour eux un éternel sujet de confusion. Elle en est déja un dans un autre sens, par la diversité des langages
qu'ils parlent dans leurs écrits. Ce
n'est par tout que variations & que
contradictions étonnantes.

Leur Pere Procureur General à
Rome, declare au nom de la Societé :
Qu'un certain terme Chinois dont les
Vicaires Apostoliques défendent de se
servir pour signifier Dieu, n'est point
propre en effet pour cet usage, & que
les Peres de sa Compagnie l'ont pros-
crit il y a plus de soixante ans : & le
Pere Provincial peu de temps après
s'appercevant que ce terme luy estoit
necessaire pour appuyer d'autres Superstitions, soustient fortement qu'il
le faut conserver, & que les Jesuites
ont eu plus de raison de s'en servir que
les Apostres n'en ont eu d'employer le
terme de *Dieu* même pour marquer le
souverain Estre.

*Alter li-
bel. supplex
Procur. ge-
neralis Soc.
Ies. oblatus
die 11. Sept.
1697.*

Xamti *ou*
Chamti.

*2. part.
obs. in sin-
gula Mand.
capita per
totum.*

B iij

Lettre à
M. le Duc
du Maine.
pag. 74.

L'Autheur de la derniere Lettre à M. le Duc du Maine admet les ceremonies solemnelles, en disant, Que ses Peres reçoivent celles qui sont attachées indispensablement aux fonctions des Charges publiques : & une page

Id. pag. 76.

après il les exclut en ajoûtant, Qu'ils ne tolerent que celles des Bacheliers.

Epist. ad
virum no-
bilem circa
initium.

Le Pere Provincial se plaint de ce qu'ils n'ont aucun de leurs Peres en Europe qui soit en estat de défendre la cause des ceremonies Chinoises, & demande du temps pour faire venir de la Chine un ou deux de ses Peres qui

Toute la
Lettre à M.
le Duc du
Maine.

soient bien instruits : Et l'Autheur de la nouvelle Lettre veut paroistre l'homme du monde le mieux informé de tout, ne doute de rien, & parle de ces ceremonies comme un Oracle.

Il y a cent autres contradictions d'une égale force, dont nous envoyerons peut-estre bien-tost le memoire à la Sacrée Congregation.

Mais la plus surprenante, & qui est pourtant celle qu'ils repetent davantage aujourd'huy, & dont ils prétendent faire la solution des Problêmes de leurs Livres & le denouëment des difficultez qui s'y trouvent, c'est-à-dire, Qu'ils ne permettent point, & qu'ils

n'ont jamais permis à leurs Chrestiens
dans la Chine d'assister aux ceremonies
solemnelles du Printemps & de l'Automne ; mais qu'ils ne veulent pas
pour cela condamner ces ceremonies,
ni avoüer qu'elles soient mauvaises.
Le beau détour ! Si elles n'ont rien
de mauvais, que ne les permettent-
ils ? Et s'ils ne les permettent pas , que
ne disent-ils qu'elles ont quelque chose de mauvais ? Depuis quand sont-ils
devenus assez severes & assez rigoureux dans la morale, pour interdire
même ce qui est innocent?

Quand ils voudroient porter le
monde à cette perfection , les principes de leurs Autheurs s'y oposeroient.
Lorsqu'on soustient que le Confesseur
est obligé de se conformer à l'opinion
de son penitent dans les cas où l'opinion du penitent est probablement
bonne , on est bien éloigné de pouvoir
refuser l'absolution à un grand Seigneur Chinois qui voudra assister aux
ceremonies de Confucius, si l'on est
persuadé soi-même aussi-bien que le
Grand Seigneur, que ces ceremonies
sont certainement innocentes.

Il est vray que ce qui est bon en soy
peut quelquefois devenir mauvais &

illicite par les circonſtances, dont la principale feroit le ſcandale : mais ce ſcandale n'eſt point à craindre dans les ceremonies Chinoiſes ; s'il eſt vray, comme les Jeſuites veulent le faire croire au public, que ce ne ſont que des ceremonies purement civiles & politiques, qui n'ont rien de different de ce que les Chinois vivans pratiquent tous les jours les uns envers les autres dans leurs viſites & dans leurs feſtins. Selon ces Peres ceux qui honorent Confucius croyent n'honorer qu'un grand perſonnage, diſtingué ſeulement par ſa ſcience, par ſa ſageſſe, & par ſa vertu morale ; mais qui après tout n'a rien au-deſſus de l'homme, & qui eſtant mort, ne peut plus faire à perſonne ni bien ni mal.

Qui d'entre les Chinois, ſoit Payen, ſoit Chrétien, peut ſe ſcandaliſer de voir qu'on honore un homme de ce caractere, lorſque les ſignes exterieurs qu'on employe pour l'honorer, ſont dans leur inſtitution, & ſuivant le ſens qu'y donnent tous les ſpectateurs, des ſignes purement civils & qui ne regardent nullement la Religion ? On ſe ſcandaliſeroit bien plûtôt de la mauvaiſe delicateſſe des Chreſtiens, qui ne

voudroient pas s'en ſervir ; & on re-
garderoit comme bizarre la Religion
qui leur défendroit une choſe ſi viſi-
blement innocente.

Si les Jeſuites diſent qu'on a meſlé
à ces ceremonies des Superſtitions ; ou
ces Superſtitions peuvent en eſtre détachées, comme ils l'ont aſſeuré à Rome
en parlant des ceremonies des Morts,
& alors elles ſeront innocentes & permiſes ; ou ces Superſtitions en ſont in-
ſeparables , & alors elles ſeront dé-
fenduës aux Chreſtiens : mais il faudra
reconnoiſtre en même-temps , qu'elles
ſont mauvaiſes ; & qu'ainſi les Jeſuites
ont tort de s'élever contre les Vicaires
Apoſtoliques qui ont eſté bien fondez
à les condamner : car d'en vouloir tirer une quinteſſence qu'on rendroit
bonne , & cauſer à l'occaſion de cette
quinteſſence un trouble horrible dans
l'Egliſe , ce ſeroit ſe mocquer de Dieu
& des hommes.

Mais de plus , quel intereſt les Jeſuites ont-ils à ſouſtenir que ces ceremonies ſont bonnes, dès le moment qu'ils
les interdiſent aux Chreſtiens ? Faut-il
pour une opinion ſpeculative de ce caractere, dont on ne prétend jamais
faire aucun uſage dans la conduite des

fidelles, & qui leur peut faire plus de
mal que de bien, lors qu'ils viennent
à la fçavoir ; faut-il, dis-je, pour
cette opinion frivole troubler toute la
face du Criftianifme dans la Chine, &
exciter tant de mouvemens fcandaleux
dans l'Europe ?

Qu'à force de retourner vers la four-
ce, & de remonter jufqu'à quatre ou
cinq mille ans, on trouve que les ceremonies Chinoifes puiffent eftre regar-
dées comme innocentes dans leur premiere inftitution (ce qui eft une chi-
mere,) que fait cela, fi elles font
corrompuës aujourd'huy, & fi on eft
refolu de ne les permettre jamais, &
de ne les jamais introduire dans la
Religion Chreftienne ? Mais rompons
le voile, & diffipons les fauffes fubti-
litez.

Les Jefuites foutiennent donc que
toutes les ceremonies Chinoifes font
innocentes, & pourtant qu'elles ne
font pas permifes. La diftinction eft
delicate ; mais ils avoient befoin d'e
ces deux termes pour fe fauver. Elles
font innocentes ; fans cela comment
mettroient-ils à couvert tous les volumes de leurs Peres, & en particulier
du Pere Provincial, qui a tant écrit

pour les justifier ? Elles ne sont pourtant pas permises ; sans cela comment appaiseroient-ils la revolte que la seule exposition de ces détestables ceremonies excite dans tous les esprits chrétiens ? Comment se garantiroient-ils de l'indignation publique ; & comment se prepareroient-ils des évasions contre la condamnation qu'ils craignent ? Mais tous leurs rafinemens s'évanoüissent : Nous allons montrer que ces ceremonies sont mauvaises , & qu'ils les permettent.

C'est déja pour les Superstitions de la Chine un fâcheux préjugé, de ce que leurs protecteurs les abandonnent à moitié, & rougissent de paroistre les permettre , eux qui n'ont pas accoutumé de rougir sans raison , ni de rien abandonner sur la doctrine de ce qu'ils peuvent retenir. Mais pour reduire icy en peu de paroles ce qui est traité si amplement & si fortement dans des Livres entiers, par quel art empêcheroit-on qu'il ne fust essentiellement mauvais d'immoler des victimes en l'honneur de Confucius ; de les immoler dans un temple dont on a fait une espece de dédicace & de consecration par l'aspersion du sang des animaux ;

de luy faire des oblations avec les mar-
ques du plus profond respect, parlant
à son esprit, & le priant comme s'il
estoit present ; de tirer au sort les jours
où l'on doit offrir de pareils sacrifices
aux Ancestres ; de s'y preparer par le
jeûne & par la continence, qui à le
bien prendre, n'ont jamais esté employez ainsi, que pour un culte Religieux : de discerner par une épreuve
superstitieuse les animaux qu'on doit
égorger : de se prosterner humblement
devant eux avant & aprés leur mort :
d'offrir leur sang à Confucius, & d'aller ensuite l'enterrer en ceremonie : de
brûler des étoffes de soye & des mon-
noyes de papier, de faire des libations
de vin, & d'appeller ce vin, *un vin de
bonheur & de prosperité* : d'inviter
l'esprit de Confucius à descendre, de
croire qu'il est descendu, de le reconduire solemnellement après le Sacrifice : d'attendre de luy toutes sortes de
faveurs, d'envoyer aux absens une partie des chairs du sacrifice, avec cette
inscription : *Chair sainte offerte â Confucius* ; choses dont pas une ne se pratique à l'égard des vivans dans toute
l'étenduë de la Chine. En quoy nous
ne craignons pas d'opposer à ce que
l'Autheur

l'Autheur de la Letrre à M. le Duc du Maine en écrit en l'air, le témoignage positif qu'un des plus habiles, des plus anciens, & ce qui vaut encore mieux, des plus saints Missionnaires de la Chine en a rendu au Saint-Siege, aprés avoir fait passer son Traité par les mains du Visiteur General des Jesuites, qu'il prenoit volontiers pour témoin de la verité de tout ce qu'il avançoit.

En vain donc, pour justifier ces Idolatries & ces Superstitions, les Peres s'efforcent-ils de persuader en Europe où l'on n'entend pas la Langue Chinoise, que les termes dont on s'est servy depuis l'origine de la Monarchie pour signifier *un Temple, un Autel, un Sacrificateur, un Sacrifice,* ne signifient aujourd'huy, qu'*un palais, une salle, une table, un present, un festin ;* puisqu'en laissant à part ce qui regarde les noms, il est certain que la substance même des ceremonies est corrompuë, que le fond n'en vaut rien, & que tout y porte la teinture d'un culte profane & superstitieux. Mais si les termes qu'on y employe ne signifient pas un veritable Temple, ni un veritable Sacrifice, on prie les Jesuites, s'ils le peuvent, de trouver d'autres termes dans la Langue qui soient plus propres à les signifier. Le nom qui se voit gravé sur la porte du Temple de Confucius, n'est-il pas donné à tous les Temples des Idoles ? Celuy qui est en usage pour exprimer le Sacrifice qui luy est offert, n'est-il pas employé au même sens dans le Calendrier public ? Et ce qui est encore plus convainquant, n'est-ce pas le même terme dont les Jesuites se servent eux-mêmes pour signifier l'auguste Sacrifice de nos Autels ?

En vain auront-ils recours à la premiere institution de ces mal-heureuses ceremonies ; la source en est empoisonnée, & quand elle ne le seroit pas, il suffit qu'elles ne vaillent rien aujourd'hui pour avoir raison de les proscrire.

En vain se rejetteront-ils sur l'intention interieure que Dieu seul connoist : Un habile Theologien leur a prouvé, que dans ce qui se fait on ne pouvoit se dispenser de reconnoistre au moins un Sacrifice exterieur ; & c'en est assez pour estre obligé de tout rejetter.

Si bien qu'après que les Jesuites ont fait les derniers efforts pour excuser

M I A o...

T ʒ I.

¹ ᴵP. Ioann. de Paz. o- pusc. quasit 20.

tout, & qu'on leur demande qu'elle
eſt donc la difference qui ſe trouve entre les Sacrifices de Confucius, & ceux
qui ſont offerts aux autres Idoles de la
Chine, ils ſont reduits à répondre,
comme l'un d'eux nous a répondu,
Qu'ils n'en ſçavent rien. Mais il n'en
perſiſtent pas moins dans leur ſentiment.

Les Miſſionnaires des autres Ordres
aſſemblez à Canton à la fin de 1667.
les preſſent de ſe declarer. Que font-
ils ? N'oſant pas ſoûtenir que les ceremonies Chinoiſes ſoient bonnes, &
ne voulant pas auſſi les reconnoiſtre
pour mauvaiſes, ils les mettent au
rang des choſes indifferentes, & dont
on peut faire une opinion probable :
*Quia fundantur in valdè probabili
opinione.* Maniere de decider qui n'a-
voit point encore eſté employée par
aucun Concile, ni par aucune Aſſemblée Eccleſiaſtique. Que de circuits
inutiles à des gens qui n'auroient pas
eû ſincerement la volonté, ni la coutume de les permettre ?

Ils s'offenſent pourtant aujourd'huy
quand on leur dit qu'ils les ont permiſes, & c'eſt de quoy il importe de les
convaincre. Mais à quel deſſein ? Eſt-

ce pour avoir le plaisir de les rendre
coupables, ou de les confondre à la
face de l'Univers? A Dieu ne plaise.
Nous sçavons trop ce que la charité
nous ordonne. Nous voudrions pouvoir couvrir leur faute, non-seulement
avec la pourpre, mais avec le voile
même du Sanctuaire, soit pour les
ménager, soit pour épargner à l'Eglise
la douleur & l'amertume qui luy en
revient.

C'estoit dans cét esprit que les Vicaires Apostoliques avoient suprimé
dans leur Mandement le nom des Jesuites, & qu'ils avoient même renfermé l'article de Confucius avec plusieurs autres, afin que les personnes
qui n'y seroient pas interessées y fis-
sent moins d'attention : Mais les Jesuites ont eux-mêmes tout rendu public, en venant se declarer parties,
comme ils ont fait, Tres-Saint
Pere, à vostre sacré Tribunal.

Nous ne les reprenons donc aujour-
d'huy d'avoir permis les Idolatries &
les Superstitions de la Chine, que
parce qu'il nous paroist qu'ils ne sont
pas resolus de changer. Ils les ont permises & continuent de les permettre :
& l'on ne comprend pas en quel

sens ils puissent le nier ; mais il faut bien leur passer d'autres choses qu'on ne comprend pas.

Il ne faut, TRES-SAINT-PERE, que rapeller un moment sous les yeux de VOSTRE SAINTETE' tous les efforts que tant d'excellens Missionnaires ont faits depuis soixante-dix ans pour abbatre les Superstitions Chinoises, qui vrai-semblablement seroient maintenant aneanties dans tous les Chrétiens, si elles n'avoient eu de grands protecteurs. Ces dignes Ouvriers de differens Ordres n'ont point cessé durant tant d'années de combatre le culte profane de Confucius & des Ancestres ; de s'en plaindre de vive voix & par écrit, d'abord aux Jesuites mêmes, ensuite aux Superieurs Ecclesiastiques, à l'Université de Manille, à l'Archevêque de la même Ville, à d'autres Evêques ; de recourir au Saint-Siege, de poursuivre auprés de luy la condamnation de toutes ces Idolatries ; & après l'avoir obtenuë, de la signifier à Goa, à Macao, à Manille, à la Chine, aux principaux Superieurs de la Société ; de revenir depuis en plusieurs temps à Rome representer avec larmes qu'on n'observoit

Relat. du P. Ibagnez. Apol. des Domin ch. 10. p. 130. & suiv.

Lettre du P. Jean B. de Morales au P. Diaz. Navar. to. 2. traité 6. p. 331. Roboredo. Traité du P. Varo. Navaret. to. 1. traité 7. p. 459. Apol. des Domin.ch. 11. p. 177.

point les Decrets , qu'on les éludoit,
& que le defordre continuoit toûjours.
Ces faints Religieux reconnus par les
Jefuiftes mêmes pour des hommes
Apoftoliques très-habiles & très-ver-
tueux, eftoient-ils des vifionnaires ,
ou vouloient-ils noircir à plaifir la re-
putation de la Societé? Et pour les ar-
refter d'un feul mot, eftoit-il rien de
plus facile aux Jefuites que de dire ou
d'écrire une fois authentiquement, &
de maniere que perfonne n'en preten-
dift caufe d'ignorance : Qu'ils condam-
noient de tout leur cœur l'ufage de
ces ceremonies , & qu'ils ne les per-
mettroient jamais aux Chreftiens?

Tous les Predicateurs de l'Evangile
affemblez avec eux à Canton , les con-
jurent inftamment de s'expliquer net-
tement là-deffus , & de rendre la paix
à l'Eglife. L'unique réponfe qu'ils en
obtiennent, c'eft qu'à l'égard des ceremonies dont les Chinois fe fervent
pour honorer Confucius & les Ancêtres, le Decret que le Pere Martini
avoit rapporté de Rome , leur paroiffoit fondé fur une opinion fort probable ; ce qui eftoit proprement ne dire
ni ouy ni non , & tomber dans une
ambiguité de paroles , qui en toute oc-

casion auroit esté fort indigne, mais qui l'estoit encore beaucoup plus dans celle-cy, où il s'agissoit de répondre precisément, & de faire cesser les troubles & les scandales.

M. l'Archevêque de Manille, M. l'Evêque de Zébut, M. l'Evêque d'Angelopolis avertis de ces contestations & du bruit qu'elles faisoient à la Chine, aux Philippines & ailleurs, se crurent obligez d'en écrire au Pape, pour exciter sa vigilance Apostolique à remedier aux maux que les Jesuites causoient dans l'Eglise de la Chine, en permettant aux nouveaux Chrêtiens les Sacrifices qui s'y font à Confucius & aux Ancestres. Dira-t-on que ces Prelats eurent assez de malice pour calomnier les Jesuites auprés du Saint Siege, ou assez de legereté pour denoncer au Pape une chose si importante sans en estre bien informez?

Mais que dirons-nous, TRES-SAINT PERE, des Vicaires Apostoliques que vos Predecesseurs ont envoyez, & qui depuis tant d'années consument leurs forces & leur santé dans les travaux de l'Apostolat? Ne seroient-ils pas de malheureux calomniateurs, & des hommes d'une cons

†Apol. des
Domin.ch.
10. p. 131.
&c.

cience bien perduë, de donner à entendre dans leur Mandement, comme
prétendent les Jesuites, que ces Peres
permettent aux fidelles de se trouver
aux assemblées où l'on rend à Confucius un honneur qui n'est dû qu'à
Dieu, s'il n'en estoit rien ? Ces Evêques sont actuellement à la Chine.
Tout s'y passe sous leurs yeux. Ils font
un Mandement qu'ils rendent public ;
& ils ne prennent pas garde que s'ils
ne disoient pas la verité, ils pourroient
estre démentis en un moment par un
million de témoins.

Il est vray que la permission que les
Peres donnent sur cela à leurs Chrétiens, n'est pas une permission par
écrit. Les choses se passent dans le
Tribunal secret de la conscience ; &
c'est peut-estre ce qui les rend si libres
à nier aujourd'huy qu'ils l'ayent jamais donnée. Nous avoüons qu'il n'y
en a pas d'acte pardevant Notaire ;
mais ce qu'on peut dire, c'est qu'on
voit les Lettrez & les Mandarins dont
ils ont soin, assister indifferemment
avec les Payens à ces criminelles ceremonies, venir au Sacrement de la Pe-
nitence, s'approcher de la Sainte Table, retourner dés la premiere occasion

aux Temples de Confucius, & continuer ainsi toute leur vie, sans qu'on voye que leurs Directeurs les en inquietent.

Les Magistrats & les Gouverneurs sont obligez, sous peine de perdre leur Charge, & quelquefois même sous peine de perdre la vie, de faire dans ces ceremonies solemnelles les fonctions qui leur sont marquées par les Loix & par les Ceremoniaux de l'Empire : Les Jesuites ont sous leur conduite plusieurs personnes de ce caractere : qu'ils en nomment un seul à qui ils ayent fait quitter son Gouvernement ou son Mandarinat pour éviter de rendre ses hommages à Confucius. Ils avoüent au contraire, qu'ils n'ont pû moins faire que de tolerer les ceremonies qui sont attachées aux fonctions des Charges publiques.

Lettre à M. le Duc du Maine, pag. 74.

Si quelqu'un s'avisoit en Europe de leur reprocher d'estre trop indulgens aux pecheurs, & de permettre dans le Tribunal des choses que les autres Confesseurs défendent, on auroit assez de peine à les en convaincre par des pieces authentiques, & à le prouver autrement, qu'en leur disant : C'est qu'on voit que les gens qui s'adressent à vous vivent ainsi.

Mais ces gens-là, reprendra-t-on, ne peuvent-ils pas declarer ce que leurs Confeſſeurs leur ſouffrent ? C'eſt auſſi ce qu'ils ont declaré plus d'une fois dans la Chine. Le grand Archevêque de S. Domingue raporte les noms de ceux qui l'ont fait; & montre en même temps par huit ou dix raiſons convainquantes, qu'il n'eſt que trop certain que les Jeſuites ont toleré & tolerent encore aux Chreſtiens ces pratiques ſuperſtitieuſes. Sans cela, encore une fois, d'où leur viendroit un ſi grand zele pour les ſouſtenir ?

Mais eſt-il vrai-ſemblable que les Jeſuites *vouluſſent lâchement trahir les intereſts de la Religion? Se perſuadera-t-on aiſément qu'ils aillent l'encenſoir à la main adorer les faux Dieux de l'Orient ?* Non ſans doute : perſonne n'aura d'eux ce ſentiment : un tel deſordre ſeroit trop groſſier. Mais on croira, puiſqu'ils le diſent eux-mêmes, qu'ils ont jugé les honneurs qui ſe rendent à Confucius, appuyez ſur une opinion très-probable, & qu'en conſequence de cette opinion, ils n'ont plus fait de difficulté de les permettre.

De ſçavoir après cela comment le P.

Navaret. Réponſe au P. I. Favre & au P. Brancati, tom 2. tr. 7.

P. Varo, Traité contre les PP. le Favre & Brancati.

Lettre à M. le Duc du Maine p. 3.

Libel. ſupp. à Soc. Jeſ. oblat.1698.

Provincial peut assurer ; Qu'ils seroient prests, s'il le falloit, de faire un serment pour protester qu'ils ne les ont jamais permises , c'est ce que nous n'entreprenons pas d'éclaircir. Nous les prions seulement de trouver bon que nous nous en raportions plûtost à leurs écrits qu'à leur serment. Il leur est échappé , je ne sçay comment, de dire que leurs Peres laissoient à la liberté du Confesseur de juger dans les occasions particulieres , si d'assister à ces Sacrifices c'estoit une faute griéve , un peché leger, ou une chose qui allast seulement contre un conseil : *Alii ab iis abstinere debebunt sub pœnâ gravis delicti , alii sub pœnâ culpæ venialis , alii denique ex mero consilio.* Ensorte qu'on ne peut se dispenser , selon eux, de s'en raporter à celuy qui est le juge de la conscience , pour discerner les cas , à par des circonstances trés-speciales , on peut quelquefois apporter de l'exception à la regle generale qui condamne les ceremonies solemnelles de Confucius: *Relinquendo prudentiæ & judicio Confessariorum particulares casus, in quibus, ob specialissimas circumstantias , interdum exceptioni locus esse posset.* Voilà donc enfin des cas où

Epist. ad virum nobilem, circa initium.

Dilucidationes pro Soc. Ies. num. 8.

Ibid.

les Confesseurs Jesuites peuvent permettre les ceremonies solemnelles.
On a eu bien de la peine à en venir à
cet aveu ; & certainement on avoit
raison, puisque c'est aller directement
contre ce que le Saint Siege a decidé :
Qu'on ne pouvoit permettre ces ceremonies aux Chrestiens, quand il s'a-
giroit du renversement de la Religion. Mais la force de la verité & de la
conscience est grande.

Quel besoin cependant avons-nous
de l'arracher par violence, cette verité, de la bouche de ceux qui la renferment dans leur cœur ? Toutes leurs
maximes conduisent naturellement à
permettre les Superstitions Chinoises,
& à ne pouvoir même se dispenser de
les permettre. Voicy leurs principes.

On doit tolerer aux Infidelles ce qui
est innocent :

Ces ceremonies sont innocentes :
On les doit donc tolerer.
Un Confesseur est obligé de suivre
l'opinion de son penitent quand elle
est probable :

C'est une opinion fort probable que
ces ceremonies sont bonnes.

Les Confesseurs sont donc obligez
de suivre en cela le sentiment de leurs
penitens,

*Decret Sac.
Congreg. sub
Innoc. X.
ann. 1645.*

*Libel. supp.
à Soc. Ies.
oblatus men
se Maio
1698.*

Ibid.

penitens, & de les permettre.

C'est un grand crime d'arrester in- *ibid.*
justement le progrès de l'Evangile, &
de fermer la porte du salut à des millions d'ames :

Défendre ces ceremonies, c'est arrester sans raison le progrès de l'Evangile, & fermer la porte du salut à
des millions d'ames :

C'est donc un grand crime de les défendre.

Et il ne faut pas que les Jesuites
viennent insinuer qu'il n'y a que la
défense des reverences des Bacheliers
qui arresteroit le progrès de l'Evangile,
& non pas la défense des autres ceremonies : car c'est precisément tout le
contraire. Il est sans comparaison plus
difficile de se dispenser de celles qui
se font par les Mandarins & par les
Lettrez, que des reverences des Bacheliers. Supposé que les Chrêtiens ne
pussent prendre les degrez sans aller au
Temple de Confucius, il n'y auroit
qu'à inspirer aux nouveaux Fidelles de
renoncer aux Degrez, & de se priver
de cet honneur, pour imiter plus par-
faitement celuy qui s'est aneanti pour
eux en se revestant de la forme d'un es-
clave : On ne force personne à les pren-

dre ; & il y a en effet dans la Chine un nombre infini d'hommes, qui par incapacité ou autrement, ne les prennent jamais, sans qu'on y trouve à redire. Mais un Gouverneur, un Magistrat, un Mandarin Chrestien qui ne voudra pas faire sa fonction aux Sacrifices de Confucius dans les occasions où sa Charge l'y oblige, perdra son rang, & sera en danger de perdre quelque chose de plus. Voilà ce qui veritablement arresteroit en quelques-uns le progrès de l'Evangile : ou plûtost, voilà ce qui pourroit produire à la Chine comme autrefois en Europe, une merveilleuse fecondité pour l'Evangile, par l'effusion du sang des Martyrs, lorsqu'on trouveroit dans ce vaste Empire des Eustaches, des Sebastiens, des Maurices, qui aimeroient mieux renoncer à leurs dignitez, & mourir pour JESUS-CHRIST, que d'offrir de l'encens aux Idoles.

Remontons jusqu'à la source du mal. Les Jesuites sont trop bons : Ils voudroient sauver tout le monde, & ne faire de peine à personne : Il n'y a pas moyen d'accorder ensemble ces deux choses : Il se trouve des occasions où il

faut opter , & où la maxime de l'Evangile doit avoir lieu : *Celuy qui veut
sauver sa vie la perdra ; & celuy qui
aura le courage de la perdre , la sau-
vera.* La complaisance est bonne ,
mais elle doit avoir ses bornes, & il ne
faudroit pas la porter si loin.   Dès
qu'elle monte jusqu'à un certain degré , elle devient elle même une espece d'idolatrie : Et à Dieu ne plaise ,
qu'on puisse jamais reprocher à aucun
Ministre de l'Evangile, de devenir luy-
même idolatre en ce sens-là , tandis
qu'au dehors il emploïe ses efforts &
tout son zele à renverser les Idoles.

C'est assurément une tentation dont
les Jesuites , aussi bien que le reste des
hommes, ont à se défendre. Confucius
n'est qu'un homme mort , & on s'en
soucie fort peu : Mais l'Empereur ,
mais les Mandarins, mais les Gouverneurs sont des hommes vivans , & on
s'en soucie beaucoup.

N'est-ce pas cette complaisance ex-
cessive & le trop grand penchant qu'ils
ont à se faire tout à tous, & principalement aux Grands , afin de les gagner
tous à Dieu, qui leur a fait mettre
dans les Eglises & sur les Autels le
malheureux Tableau où sont écrites ces

40 *Lettre au Pape sur les Idolâtries*
deux paroles , *adorez le Ciel :* Inscription qui cause aujourd'huy tant de
scandale dans la Chine , & qui y fera
de jour en jour de nouveaux maux , si
vostre sagesse & vostre autorité, Tres-
Saint-Pere , ne s'applique prompte-
ment à la condamner.

Nous sçavons que Vostre
Saintete' eut horreur de cette
inscription dés le moment qu'on luy
en parla, & qu'Elle l'a toûjours regar-
dée depuis sous l'idée que donne le
Prophete Daniel raporté par Jesus-
Christ même dans l'Evangile ;
c'est-à-dire , comme *l'abomination
dans le lieu Saint* ; mais peut-estre n'a-
t-on pas encore assez exactement expliqué à Vostre Saintete'
quelle en a esté l'origine.

Depuis que les Jesuites eurent joint
à la qualité de Missionnaires celle de
Mathematiciens, & que par un secret
dont Nostre-Seigneur n'avoit pas ins-
truit ses Apostres , ils eurent entrepris
de se servir des *Sciences profanes pour
faire respecter la Religion jusques dans
le Palais des Empereurs* , ils jugerent
à propos de s'insinuer à la Cour, & firent si bien qu'ils parvinrent jusqu'à
se rendre Presidens du Tribunal des

Mathematiques, sans se souvenir qu'ils avoient autrefois decidé dans leur Assemblée de la Province de Nanquin, Qu'on ne pourroit pas baptiser le President des Mathematiques, s'il demandoit à estre Chrestien, à moins qu'il ne renonçast à sa Charge, à cause de plusieurs fonctions superstitieuses qui y estoient attachées : sans considerer non-plus que cette dignité leur attireroit infailliblement, comme il arriva, une horrible jalousie de la part de ceux qui l'avoient jusqu'alors possedée, & qui s'en voyoient dépoüillez; & sans prendre garde enfin qu'elle traisnoit après elle des suites qui paroissoient peu compatibles, non seulement avec la qualité d'Apostres, mais même avec la profession de Prêtres, de Religieux & de Chrestiens; comme de faire des Calendriers où l'on marquast les jours heureux & malheureux, ou tout au moins d'y mettre son sceau; de paroistre avec des habits pompeux couverts de figures d'animaux, & de marcher avec un cortege magnifique.

Ils ont toûjours tâché de se conserver cet important employ, en se substituant de leurs Peres pour successeurs,

A Kian-ting, en 1628.

Relat. du P. Ant. de Sainte Marie on 1666

Assemblée de Kian-Ting,

P. Kirker China illustrata.

quoyque le P. Adam Schall, qui fuᵗ le premier élevé à ce haut rang euſt attiré ſur luy & ſur toute la Religion une violente perſecution, qui envelop-pa tous les Ouvriers Evangeliques, Jeſuites & autres, & qui fit dire d'eux en ce temps-là dans la Chine : *Qu'ils avoient tous peché en Adam.*

Ils rempliſſoient donc ce grand poſte avec aſſez de ſuccès, lorſque l'Empe-reur qui eſtoit content de leurs ſervi-ces voulut leur donner un témoignage de ſa bienveillance. Un jour qu'il vi-ſitoit la Salle des Mathematiques où ils travailloient, il traça de ſa main ſur un cartouche en grands caracteres deux Lettres Chinoiſes, qui ſelon la force de la Langue, veulent dire, ou

obſervez le Ciel, comme Mathema-ticiens, ou *adorez le Ciel,* comme on l'adore dans la Chine. Les Jeſuites qui aimoient à croire que l'Empereur penſoit à la Religion Chreſtienne, donnerent à ces paroles une troiſiéme ſignification, en prétendant que par le *Ciel* il falloit entendre dans un ſens fi-guré, *le Seigneur du Ciel.*

Ce n'eſtoit pas un grand mal de ſe flater que l'Empereur eſtoit touché de quelque ſentiment de Religion : mais

l'interpretation que les Peres donnoient à ses paroles estoit fausse. Cependant comme c'est une marque
d'honneur extraordinaire à la Chine
d'avoir reçû quelque chose de l'Empereur, les Jesuites ne firent pas un myf-
tere de la faveur qu'il leur avoit faite,
& ils furent bien-aifes de faire part à
la Religion qu'ils profeſſoient, de la
gloire qui se répandoit sur eux. Ils ti-
rerent donc ce Tableau de la salle des
Mathematiques, & en firent faire un
grand nombre de copies qu'ils envoyerent à leurs Peres, difperſez dans
les Provinces. Il pouvoit leur servir
de sauve-garde contre les infultes des
Mandarins mal intentionez: Ils le mi-
rent pour cet effet sur la porte de leurs
maifons. Delà ils l'introduifirent dans
les Eglifes, le rangerent à cofté du
Sanctuaire, & l'avançant toûjours par
degrez, ils le placerent enfin jufques sur
l'Autel où il demeura, & où il demeure
encor aujourd'huy expofé aux yeux, &
ſi on l'ofe dire, à la veneration du public. Telle a efté la genealogie, &
pour ainſi parler, la fortune de ce fu-
neſte Tableau.

Alors les Predicateurs de l'Evangile
ſe reveillerent: car il faut dire la veri-

té ; quelques-uns d'entre les Religieux s'eſtoient laiſſé tromper par le deſir de ſe mettre à couvert des perſecutions qu'on fait de temps en temps aux Chreſtiens. Il eſt vrai qu'ils ne s'é-toient ſervis de ce Tableau qu'avec précaution & qu'ils ne l'avoient pas porté ſi loin. Ils y trouvoient toûjours je ne ſçay quoy d'obſcur, & qui leur faiſoit ſoupçonner un venin caché. Ils mettoient auprés de luy des explica-tions, des proteſtations, des profeſ-ſions de foy, comme pour purifier & pour corriger la malignité qui y pou-voit eſtre. Les Jeſuites même en firent quelquefois autant : Mais quand on vit enfin où alloient les choſes, il n'y eut plus moyen d'y tenir ; le charme, pour ainſi dire fut rompu. Ceux dont la conſcience eſtoit plus éclairée, plus droite, & plus timorée, regarderent en fremiſſant l'abyſme où ils eſtoient preſts de tomber ; & tous, excepté les Jeſuites, reconnurent dans ces deux termes, *adorez le Ciel*, un danger viſible d'idolatrie.

C'eſt auſſi ce qui a engagé les Vicaires Apoſtoliques à ordonner par leur Man-dement, que cette inſcription ſeroit inceſſamment oſtée de toutes les Egli-ſes de leur dépendance, & à declarer qu'elle renfermoit selon le sens des Chinois, une Idolatrie formelle.

Les Jesuites ont esté les seuls à ne vouloir pas obeïr. Les dernieres Lettres que nous avons receuës de la Chine au commencement de cette année, nous apprennent que le Vicaire General de la Province de *Kiangsi* ayant prié instamment un Pere Jesuite qui venoit de faire bâtir une nouvelle Eglise, de n'y pas mettre ce pernicieux Tableau ; il ne pût jamais rien gagner sur son esprit. En vain luy representat il que si les Peres de Pekin se plaignoient que ce seroit exposer la Religion d'oster cette inscription des lieux où elle estoit déja (quoyque ce fust leur faute de l'y avoir mise, & que les autres Religieux qui l'avoient retirée n'en eussent rien souffert) il estoit facile au moins de s'abstenir de la placer dans les lieux où le mauvais usage n'en estoit pas encore introduit ; que les Chrestiens de la Province dont il s'agissoit avoient encore toute leur innocence sur cet article : qu'ils ne trouveroient pas mauvais qu'on ne leur eust point donné un Tableau qu'ils ne connoissoient pas , & que toute la Chine même n'avoit pas connu avant vingt ou vingt-cinq ans : que les Vicaires

Apostoliques dont il avoit suivy l'exemple en qualité de Vicaire General avoient défendu ce Tableau comme renfermant de l'Idolatrie : Il eut beau faire & beau prier, le Jesuite persista toûjours à vouloir placer son Tableau, apportant pour toute raison d'une si étrange conduite ; Que le Peintre y avoit déja travaillé, & que l'ouvrage estoit trop avancé pour le perdre.

On a convaincu les Jesuites à Rome & en France de l'impieté & de l'Idolatrie qui est comprise dans ces paroles, *adorez le Ciel*, par des demonstrations qui les accablent, & dont ils ne se releveront jamais. On leur a fait voir que c'estoit inutilement qu'ils prétendoient que par le *Ciel* il falloit entendre *le Dieu du Ciel*, que les Chinois ne l'entendoient point ainsi : que ces peuples estoient accoutumez à adorer le ciel exterieur & visible, ou tout au plus la vertu du ciel qui consiste dans les influences que le Ciel envoye sur la terre ; que dans les Sacrifices qu'ils offroient au Ciel, ils ne s'élevoient point plus haut, non plus que dans ceux qu'ils offroient à la terre, aux fleuves, aux montagnes : que les Peres ne pouvoient trouver dans toute l'Antiquité Ecclesiastique un seul exemple

qui favorisast le moins du monde la
scandaleuse nouveauté qu'ils ont in-
troduite dans l'Eglise.

Qu'il nous soit permis TRES-S.-PERE
d'ajoûter des à témoignages si graves
une seule reflexion.

Accordons gratuiëtment aux Jesuites ce qu'ils peuvent souhaiter de plus
favorable : que par le nom de *Ciel*
quelques sçavans de la Chine entendent *le Dieu qui est renfermé dans le
Ciel*, c'est-à-dire, le Dieu veritable
que nous adorons, du moins les Peres
sont-ils obligez de convenir que ce
terme est équivoque, obscur, metaphorique, dangereux & capable d'induire en erreur. Il est équivoque,
puisque selon les Jesuites mêmes,
presque tous les Chinois l'entendent
du Ciel exterieur & visible. Il est tout
au moins fort obscur, puisque tout le
monde leur conteste la signification
qu'ils luy donnent, & qu'eux-mêmes
font obligez de mettre à costé des ex-
plications pour le faire entendre. Il est
figuré & metaphorique, puisqu'il ne
convient pas à Dieu dans un sens propre, jusques-là que les passages de
l'Ecriture par où les Petes voudroient
autoriser leur nouveauté, ne sont
(comme ils en tombent d'accord) que
des metaphores & des manieres figu-

rées de parler. Enfin il eſt dangereux, captieux & capable d'induire en erreur, puiſque la premiere penſée des Chinois qui voyent l'inſcription, *adorez le Ciel*, c'eſt de juger que nous adorons comme eux le Ciel qui roule ſur nos teſtes.

Peut-on choiſir, pour marquer l'objet de l'adoration Chreſtienne, & & par ſuite, pour fondement de toute la Religion, un terme ſujet à de ſi grands inconveniens, & plus propre à la détruire qu'à l'établir? Souffririons-nous, tout accoutumez que nous ſommes aux notions que la foy nous a donnée, qu'on appriſt aux enfans en Europe à connoiſtre Dieu ſous le nom de *Ciel*; & devons-nous ſouffrir qu'on le faſſe parmy les Chinois, qui d'ailleurs n'ont aucune idée de Dieu, & qui ſont habituez dès leur enfance à n'adorer ſous le nom du *Ciel* que le Ciel qu'ils voyent?

Si par impoſſible le Saint-Siege permettoit de ſe ſervir dans tout l'Univers du mot de Ciel pour ſignifier Dieu, il faudroit en excepter le ſeul Empire de la Chine, par la raiſon que ces peuples eſtant accoutumez à adorer le Ciel exterieur, ce ſeroit infailliblement les entretenir dans l'Idolatrie.

Dieu

Dieu par exemple, est appellé dans
l'Ecriture *un feu consumant : Deus no-* Hob. c. 12.
ster ignis consumens est : Diroit-on qu'-
on pust, sans une extrême impruden-
ce aller annoncer le vray Dieu à un
peuple qui ne le connoistroit pas encore, en le prêchant sous le nom & sous
l'image de *feu consumant ?* Mais s'il ar-
rivoit que ce peuple adorast le feu, comme en effet il s'en trouve encore dans
les Indes, qu'on appelle Persis, qui l'a-
dorent veritablement; ensorte qu'ils laif-
seroient brûler leurs maisons plutost
que de jetter une goutte d'eau pour é-
teindre l'incendie, & qu'ils ne voudroient pour rien au monde avoir souf-
flé une bougie : Ne seroit-ce pas la derniere des extravagances que d'aller prêcher à ces gens-là l'adoration du vray
Dieu, en leur disant que les Chreftiens adorent *le feu consumant*, & mettant dans leurs Temples & sur leurs
Autels, *ignem colito*, *adorez le feu*.

Saint Augustin délivré de la secte
des Manichéens, & plein de zele ensuite pour leur conversion, sçachant
qu'ils adoroient le Soleil, alloit-il leur
dire pour les amener plus facilement

E

50 *Lettre au Pape sur les Idolatries*
à l'Eglise Catholique : *Adorez le Soleil,* ou *adorez la lumiere du monde* :
Solem, vel, *lucem mundi colito,* sous
pretexte que Jesus-Christ est appellé dans l'Ecriture *le soleil de justice
& la lumiere qui éclaire tout homme qui
vient au monde ?* Si on ne met ordre à
ce qui se passe dans la Chine, la vraye
Religion y deviendra peut-estre bien-
tost comme chez les Samaritains, un
meslange confus de verité & d'erreur,
de pratiques saintes & de cultes superstitieux.

Nous esperons, T R E S - S A I N T
P E R E , que Voftre Sainteté détour-
nera ce malheur en souftenant par son
autorité ceux qui dêfendent la pureté
du Chriftianifme ; car enfin, graces à
la bonté de Dieu, il se trouve encore
dans ce grand Empire de pieux Evêques,
des hommes Apoftoliques, de vrais fidelles, qui n'ont point fléchi le genou
devant Baal, quoique les Jefuites donnent à entendre qu'il y a eu un temps
où les Vicaires Apoftoliques eftoient
dans leurs fentimens. *Je les ai vûs,* dit
l'un d'entr'eux, *conduire avec nous le
troupeau dans les mêmes pâturages.* Il

Lettre à
M. le Duc
du Maine,
p. 170.

eſt bon de remarquer en paſſant, l'ad-
mirable égalité qu'il met entre les Jeſuites & les Evêques ; les Jeſuites ne
précedent que d'un pas, *conduire avec
nous :* Dieu nous préſerve d'une vaine
& ſotte gloire : mais ſaint Paul vouloit, qu'en l'Egliſe de JESUS-CHRIST
tout fuſt dans l'ordre, & que chacun ſe
tinſt à la place qui luy convenoit : *Je les
ay vûs conduire avec nous le troupeau
dans les mêmes pâturages :* Non, jamais les Vicaires Apoſtoliques n'ont
approuvé l'inſcription, *Adorez le Ciel :*
jamais ils ne l'ont ſoufferte dans leurs
Egliſes : jamais ils n'ont dit que la doctrine de Confucius & des Chinois n'a-
voit rien de contraire à la loy chreſtienne : jamais ils n'ont permis les ceremonies Chinoiſes que leur Mandement condamne ; & ſi les Jeſuites a-
voient voulu ſuivre ces Miniſtres du
Saint-Siege comme leurs Paſteurs,
Dieu auroit beni leur obeïſſance, ils
auroient eu l'avantage de marcher par
une meilleure voye, & on n'auroit pas
aujourd'huy la douleur de leur reprocher des égaremens.

Nous en trouvons d'étonnans dans

leurs derniers Livres, TRES - SAINT
PERE , & qui font en même temps
des manquemens confiderables de refpect envers l'Eglife.

Le premier , c'eft d'expofer au public les Superftitions Chinoifes tout
autrement que le Saint-Siege ne les pro-
pofe à ceux qui en doivent eftre les
Qualificateurs & les Juges.

Le fecond , c'eft de ne pas craindre
de faire entendre que l'Eglife écoute les
Heretiques , & qu'elle peut laiffer mettre dans fon fein à la place du vray zele,
l'ardeur que le flambeau de l'herefie eft
capable d'y allumer.

Le troifiéme , c'eft de répandre , non
plus feulement dans la Chine , mais
dans l'Europe une errreur pernicieufe,
qui ne va à rien moins qu'à renverfer
tout le fyftême de la veritable Religion , fi elle n'eft promtement frappée
des anathêmes de l'Eglife.

Quelle idée les Jefuites nous don-
nent-il dans leurs libelles de ces Superftitions & de ces Idolatries , qui depuis prés d'un fiecle caufent tant d'a-
mertume , & font verfer tant de larmes
à tous les Hommes Apoftoliques que

Dieu a appellez à la conversion des
Gentils ? Qu'en pense-t-on , & qu'en
reste-t-il dans l'esprit , aprés avoir lû
la derniere Lettre adressée à M. le Duc
du Maine , où ces abominations sont
representées comme un amusement &
comme un jeu ? On y tourne tout en
civilitez bizarres , dont on fait une
peinture divertissante ; & puis on laisse
à deviner *si c'est une Comedie que ces*
peuples jouent , ou une Feste qu'ils cele-
brent , ou un Sacrifice qu'ils offrent. On
promene l'imagination du Lecteur dans
un champ encore plus vaste. Comme
on écrivoit à un grand Prince qui aime
la guerre, on represente *le Maistre des*
ceremonies comme un Capitaine , ou quel-
que autre Officier d'armée , qui fait faire
l'exercice à ses Troupes, & qui leur or-
donne tantost de s'incliner , tantost de se
mettre à genoux, & tantost de se courber
jusqu'à terre. Les tambours y sonnent
& les hautbois y jouent d'une maniere
propre à réveiller le courage de ceux
qu'on regarder ccomme soldats , ou à
réjouir l'esprit de ceux qu'on voudra
regardera omme citoyens. Les pieces de
soye , qui dans la verité sont apportées

Lettre à
M. le Duc
du Maine,
p. 24.

Idem p.24.
& suiv.

E iij

là pour eftre confumées par le feu, comme une efpece d'holocaufte au demon, on les reprefente, pour détournèr une idée fi noire, comme *attachées au bout d'une pique, & flottant* agreablement *jufqu'à terre à la maniere des drapeaux.*

Difpenfez - nous, TRES - SAINT PERE, de rapporter plus au long ces puerilitez indignes, fi oppofées à la reverence qui eft dûë à la Religion : Car enfin celuy qui les a écrites fçavoit fort bien que les Cardinaux de la Sacrée Congregation, fecondant les intentions & le zele de Voftre Sainteté, avoient formé, avec toute la maturité & toute la fageffe poffible, un certain nombre de Propofitions tirées de tous les écrits, qui avoient efté faits de part & d'autre fur un fujet fi grave & fi important: que ces Propofitions font actuellement entre les mains des Theologiens & des Qualificateurs que Voftre Sainteté a nommez pour les examiner; & que c'eft fur elles que les Cardinaux doivent dire leur fentiment, & que Voftre Sainteté doit prononcer. Il ne laiffe pourtant pas de reduire prefque tout à des bagatelles: *Faire la reverence aux chaifes de la mai-*

son, demeurer huit heures à table, man-
ger par compas & par mesure, à la voix
d'un Maistre des ceremonies, qui semble
faire faire l'exercice : changer quarante
fois de bottes dans l'espace d'un demy
jour, & voir que les gens gardent ces
bott.s des Mandarins comme des reliques,
cela est plaisant, dit le Pere Jesuite.
Nous convenons que ces gentillesses di-
vertissent le public. Mais permettre aux
Chrestiens d'offrir des Sacrifices à l'esprit de Confucius & aux manes des Ancêtres, & trouver bon qu'on y assiste,
cela précipite dans l'enfer ; & on ne rit
plus.

Quelle hardiesse à un Religieux de
representer ainsi les choses tout autrement que le Saint-Siege ne les propose !
Que pourroient penser de l'Eglise Romaine les Infidelles ou les Heretiques
qui ajoûteroient foy à la lettre du Pere
Jesuite, sinon que l'Eglise est pleine
d'aveuglement ou de malice : d'aveuglement, si elle ne sçait pas discerner les
choses qu'on expose à son jugement :
de malice, si les discernant bien, elle
les rapporte tout differemment de ce
qu'elles font ?

M. le Dué
du Maine,
p. 12. &
suiv.

E.iiij.

Afin que Voſtre Sainteté trouve ſous ſa main ce que ces Propoſitions contiennent, nous allons les copier icy ; & en les comparant avec ce que le Pere Jeſuite a écrit Elle verra s'il y a de la reſſemblance.

QUESTIONS DE LA CHINE
à propoſer, dreſſées dans la Sacrée Congregation du Saint-Office en 1699.

S'Eſtant élevé dans l'Empire de la Chine des conteſtations entre les Miſſionnaires Apoſtoliques, & ces conteſtations ayant eſté portées au Saint-Siege ſous les Papes Innocent X. Alexandre VII. & Clement IX. ſçavoir ſi quelques pratiques des Chinois Gentils, ſur tout à l'égard de Confucius ancien Philoſophe, & des Anceſtres morts, peuvent eſtre permiſes à ceux qui ont embraſſé la foy Chreſtienne, parce que quelques-uns des Miſſionnaires aſſeuroient que ces ſortes d'actions ſont ſuperſtitieuſes ou même idolatriques, & que quelques autres au contraire les jugeoient ſeulement civiles & politiques.

Le 12. de Septembre 1645. quelques
Queſtions furent propoſées , examinées
& réſoluës dans la Sacrée Congregation
de la propagation de la foy , dont le Decret fut approuvé par Innocent X. de
ſainte memoire.

On en diſcuta , & on en reſolut encore d'autres dans la Sacrée Congregation du Saint-Office le 23. de Mars 1656.
& ces reſolutions furent confirmées par
Alexandre VII. Puis le 20. Novembre
1669. Clement IX. de ſainte memoire,
declara que l'un & l'autre Decret avoit
toute ſa force ſuivant la diverſe expoſition
du fait & des circonſtances.

Mais comme ces conteſtations des Ouvriers Evangeliques ne finiſſoient point ,
Meſſire Charles Maigrot Vicaire Apoſtolique de Fokien a ordonné qu'on obſer-
vaſt dans tout ſon Vicariat de certains
points , juſqu'à ce que le Saint-Siege y
euſt autrement pourvû. C'eſt ce que porte
ſon Mandement du 26. Mars 1693. qui
renferme ſept articles, & comme il en a
demandé la confirmation , Noſtre Tres-
Saint Pere Innocent XII. a renvoyé
l'affaire à cette Sacrée Congregation du
Saint-Office , pour y eſtre diſcutée avec

tout le soin possible , ayant député pour
cela quatre Theologiens & Qualificateurs , sçavoir , le Pere Gabrielli General
de la Reforme de saint Bernard , le Pere
Serrano General des Hermites de saint
Augustin , le Pere Philippe de saint Ni-
colas Exgeneral des Carmes Déchaussez ,
& le Pere Varese autrefois Commissaire
General de l'Ordre des Freres Mineurs.

Et afin qu'on fust en estat de propo-
ser des Questions bien formées , & que
les circonstances du fait pussent estre con-
stantes , Sa Sainteté a ordonné qu'on ci-
tast le Pere Jean François à Leonissa de
l'Ordre des Freres Mineurs de l'Observance reformez , élu Evêque de Berite &
Vicaire Apostolique de Hû quang ,
qui aprés un long sejour de plusieurs années dans la Chine estant de retour à
Rome , est un témoin digne de foy , qui
a vû de ses yeux les choses qui se passent dans ce païs-là , & rapporté une
pleine connoissance de toutes les ceremonies Chinoises.

Ayant donc tout pesé avec un tres-
grand soin , & avec toute la maturité
& l'exactitude possible, ayant mesme joint
le Procés verbal des circonstances du fait

*en bonne forme, on a posé des questions
sur chacun des sept Articles du Mandement de M. Maigrot Vicaire Apostolique de* FOKIEN, *sçavoir :*

Sur le premier Article.

1. *On demande si pour signifier le
Dieu tres-bon & tres-grand, on doit ex-
clure les noms qu'on luy donne en Europe.*

Car ce terme, Dieu, *& les autres termes Europeans dont nous nous servons
pour faire entendre le Souverain Estre,
ne peuvent presque point estre exprimez
par les caracteres de la Chine, & il paroist qu'ils ne peuvent donner aux Chinois nulle idée de la chose qu'on veut leur
faire connoistre.*

2. *On demande si pour signifier Dieu
il faut rejetter les mots de* Tien, *, qui
veut dire,* Ciel, *ou de* Xang-Ti, *qui
veut dire,* Souverain Empereur.

*La raison de douter est, que quoiqu'il
y ait quelques Missionnaires d'Europe
qui ayent crû & qui croyent encore, que
les anciens Chinois se sont servis de ces
mots* Tien *&* Xang-Ti, *pour marquer*

le Dieu vivant & le vray Dieu ; neanmoins presque tous les autres Missionnaires asseurent que les Chinois Lettrez, qui forment la principale secte de la Chine, estant tombez tous, ou suivant le sentiment de quelques-uns, presque tous dans l'Atheïsme, quand ils exposent & suivent la doctrine de leur secte de la maniere qu'ils le font, du moins depuis cinq cens ans, n'entendent autre chose par les termes de Tien & Xam-ti que le ciel materiel & visible, ou tout au plus je ne sçay quelle vertu naturelle du ciel qu'ils estiment estre le principe, ou plustost le comprincipe de toutes choses ; d'où il arrive qu'ils sacrifient au ciel pris en ce sens, de même qu'ils le font à la terre, aux planettes, aux montagnes, aux fleuves. On voit dans les villes Royales de Pekin & de Nankin des Temples, où dans de certains temps de l'année, sur tout à Pekin, l'Empereur luy-même offre au ciel un sacrifice solemnel.

3. On demande s'il faut appeller Dieu du nom de Tien chu, qui veut dire, le Seigneur du ciel. La raison est, parce que ce nom de Tien chu est reçû de tous les Missionnaires de la Chine par un long usage

uſage, & en cela les Parties paroiſſent convenir.

4. On demande ſi en faiſant attention à ce qu'on a dit juſqu'icy, il ſeroit permis d'aſſeurer que les Chinois par les noms de Tien & de Xang Ti entendent le Dieu que les Chreſtiens adorent.

Sur le II. Article.

1. On demande ſi on peut permettre de mettre dans les Egliſes des Chreſtiens le Tableau où eſt écrit, King Tien, adorez le ciel.

La raiſon de douter eſt, que le mot Tien ſe prend à preſent par les Chinois Lettrez pour le ciel materiel, ainſi qu'on l'a dit cy-deſſus dans la raiſon de douter ſur la troiſiéme Queſtion du premier Article, & ſi on répond que non,

2. On demande ſi on peut du moins le permettre en y joignant quelque declaration, & quelle elle doit eſtre.

Sur le III. Article.

On propoſera plus bas une Queſtion, parce qu'elle dépend de quelques points

Sur le I V. Article.

1. *On demande si les Sacrifices ou Oblations solennelles qui se font deux fois par
an en l'honneur de Confucius & des Ancêtres, sont meslées de Superstitions, en
sorte qu'on ne puisse nullement, ni pour
aucune raison permettre aux Chrestiens
d'y faire la principale fonction, d'y exercer aucun ministere, ou même d'y estre
presens.*

*La raison de douter, à l'égard de Con-
fucius, est qu'il semble que la Secte des
Lettrez, qui dans cet Empire tient le
premier rang, honore Confucius non seulement comme un Maistre, mais encore
comme un Saint.*

*De plus, dans une des Offrandes qu'on luy
fait, dont la description est dans le Livre
ou Rituel Chinois appellé* Ta Ming Hoey
Tien, *il y a de certaines Oraisons, ou
Offertoires prescrits, où la vertu de Confucius est comparée au ciel & à la terre,
& sa doctrine preferée à celle des Anciens
& des Modernes ; bien plus, on y dit que*

depuis que les hommes ont commencé
d'estre, nul autre ne l'a égalé, & que
son esprit surpasse tous les Xing, c'est-
à dire, tous les Saints qui ont esté avant
luy ; au reste que le terme Xing signifie
en cet endroit, la sainteté plutost que la
sagesse, ou tout ensemble, la sagesse &
la sainteté, on l'infere de ce qu'entre
ceux qui ont precedé Confucius, & qui
cy-dessus sont appellez Xing, on y comprend au moins quelques-uns dont il est
écrit en termes exprés dans les Livres
classiques des Chinois, Qu'après leur mort
ils sont montez au ciel, où ils ont le pouvoir de favoriser les hommes, & qu'ils
ont esté reverez dans l'antiquité, & le
sont encore aujourd'huy comme des Saints
par les Chinois. Outre cela il est écrit en
d'autres endroits des Livres de cet Empire, Xing Jin chy chy ie : Jû Jao Xun
Ven Vang cheu Kung Kung Chu. C'est-
à-dire, que Confucius est à la teste des
saints personnages, comme sont, par
exemple, les plus anciens Empereurs Jao,
& Xun Roy, & Ven Vang Prince, on
conclut aussi que dans cet endroit le mot
Xing signifie plutost la sainteté que la
sagesse, de ce que tous ceux qu'on vient

de nommer icy avant Confucius, font
placez chez les Chinois dès les premiers
temps au rang des Saints les plus élevez,
& qu'ils ont esté toûjours regardez comme tels par les peuples de la Chine, ainsi
qu'il paroist par leurs Livres classiques,
quoique dans le sentiment des Chinois
Athées, le terme de Xing dont il est parlé
dans les textes alleguez, semble signifier
un homme tres-parfait & tres-sage, ou
bien le souverain degré de perfection, où
les mortels puissent arriver à la faveur du
ciel, qui veut dire la nature.

Le même Confucius a dans chaque ville
des édifices qui luy sont dédiez, qui ne
sont pas des Colleges, & qui ne paroissent
pas estre simplement des salles, mais plutost des Chapelles, parce qu'en langage
Chinois on leur donne le nom de Miao,
nom qui signifie un Temple d'Idoles ; &
ces édifices sont appellez en effet par quelques Autheurs, des Temples & des lieux
sacrez.

Dans ces édifices on voit l'image ou la
figure de Confucius, ou du moins un cartouche avec cette inscription : Le siege
de l'esprit du tres saint & du tres sage
Confucius premier Maistre, ce qui en

Langue de la Chine s'exprime ainſi,
CHI XING SIEN SÙ KUNG CHU
XIN GOEY, ſuivant le témoignage du
Pere Alconiſſa, qui aſſeure auſſi que
le mot Chinois Xing, ne ſignifie pas
ſeulement un Saint, mais encore quelquefois un Sage. D'autres traduiſent la
ſuſdite inſcription : Le ſiege de l'eſprit
du tres-ſaint & du ſurexcellentiſſime
Confucius.

Les Mandarins ou Gouverneurs, &
les Magiſtrats des villes, avec les Chefs
des Lettrez & les Graduez ou Doſteurs
dans les Lettres, font dans le même
lieu deux fois chaque année, vers l'E-
quinoxe du Printemps & de l'Automne,
une Offrande ou Sacrifice ſolemnel avec
pluſieurs genuflexions & inclinations,
ſous la direſtion d'un Maiſtre des ceremonies, devant le Tableau de Confucius
poſé ſur une Table ou Autel, avec des
bougies allumées & des parfums dans
des caſſolettes. On offre le ſang & le
poil de l'animal qui a eſté ou qui doit
eſtre immolé, & enſuite on les enterre.
On offre auſſi des pieces de ſoye, qu'on
brûle auſſi-toſt après dans un feu fait
exprès hors du Temple ou édifice, en un

vestibule tout proche. De plus on répand du vin par une espece de libation, on immole les chairs des animaux égorgez, c'est-à-dire d'un cochon, d'une chevre, ou d'un cerf, & d'autres semblables, & ces chairs se distribuent à la fin de l'Offrande ou Sacrifice entre les assistans & ceux qui n'y assistent pas, qui tous les mangent & en font beaucoup de cas. Mais sur tout, dès le commencement on invite l'esprit de Confucius à se trouver là, pour y joüir des choses qu'on luy immole ; & lors qu'il y vient, on le reçoit avec de certaines ceremonies, & on luy annonce à luy-même, comme s'il estoit present dans le Tableau, tout ce qui se fait dans le Sacrifice. Le Rituel public prescrit aux Ministres un jeûne & une continence conjugale de quelques jours avant le Sacrifice. On choisit les victimes qu'on doit immoler, en répandant dans leurs oreilles du vin chaud ou quelque autre liqueur, pour en faire l'épreuve. L'Offrande commence après le premier ou le second chant du cocq, & on la termine de tres-grand matin. Aprés qu'elle est achevée on reconduit l'esprit de Confucius, qui s'en retourne, par des

témoignages de reconnoissance & par de
certaines paroles dont la formule est reglée. Enfin, avant que de congedier les
assistans, on leur promet, pour avoir bien
fait le Sacrifice, beaucoup de bonheur &
beaucoup d'avantages, qu'on peut voir
dans le Rituel Ta Ming Hoei Tien,
au tome ou traité 91. dans la description que le P. Aleonissa a donnée de l'Offrande qu'on doit faire à Confucius.

Outre ces deux Oblations solemnelles,
il se fait d'autres ceremonies moins considerables dans le même lieu & dans les
temps reglez à l'honneur du même Confucius, tant par les Magistrats ou Gouverneurs des villes, que par tous les autres Lettrez ; & quoique M. Maigrot
Vicaire Apostolique n'en ait pas fait
mention en particulier, neanmoins parce
que le Pere Martini de la Compagnie de
Jesus en a exposé quelque chose dans
la consultation qu'il a faite au Saint-
Siege, on met icy une autre Question
pour éclaircir davantage le fait.

2. On demande donc si les ceremonies, Rits & Offrandes moins solemnelles
qui se font en l'honneur du même Confucius, peuvent licitement se faire & pra-

tiquer par les Chrestiens dans le lieu cy-
dessus marqué.

Le sujet de douter, outre ce qu'on
vient de dire dans la precedente raison
sur la premiere Question, c'est que deux
fois par mois à la nouvelle & à la pleine
lune, le Mandarin ou premier Magistrat de chaque Ville, & les autres Officiers & Lettrez, vont dés le grand matin
avec beaucoup de pompe dans l'Edifice
ou Temple de Confucius, & devant
son Image ou Tableau les cierges allumez, avec de l'encens & autres odeurs,
ils font plusieurs genuflexions & prostra-
tions de tout le corps, en battant la terre
de leur front. C'est encore une coûtume
établie, que quelques-uns de temps
en temps, sur-tout à la nouvelle-lune,
offrent du vin, des legumes, & des fruits.
Les Mandarins ou Gouverneurs des villes
& les Magistrats, avant que de prendre
possession de leurs Charges, ou aprés l'a-
voir prise, vont au Temple ou Edifice
de Confucius; là devant sa Figure ou son
Tableau ils font les mêmes choses que
nous avons dit qu'ils pratiquent dans la
nouvelle & la pleine-lune, sans offrir
neanmoins ni vin, ni fruits, ni legumes.

Outre cela les Lettrez, lorsque dans le College ou Palais, dans lequel on les examine durant quelques jours, ils ont pris les Degrez des Lettres, ils vont aussi-tost à l'Edifice ou Temple de Confucius, & dans ce lieu-là devant le mème Tableau, les cierges allumez, brûlant de l'encens & des parfums, ils fléchissent plusieurs fois les genoux, & se prosternent tout le corps par terre, selon qu'il se fait dans les autres ceremonies ou Oblations moins solemnelles qu'on vient de rapporter. Or ces sortes d'Offrandes ou ceremonies plus ou moins solemnelles, sont tellement établies par les Loix des Empereurs de la Chine, & par l'usage public de l'Empire, qu'il n'est pas permis de s'en dispenser, sans se mettre en tres - grand peril ou de perdre le Mandarinat, ou les Degrez, ou les Charges.

A l'égard des Ancestres, la raison de douter, en ce qui regarde les Offran-des solemnelles qu'on propose dans la premiere Question, c'est que les Chinois rendent un culte public & singulier à leurs parens morts & à leurs Ancestres, au moins jusqu'au quatriéme degré. Ils leur dédient des Edifices qui paroissent plutoſt des Chapelles & des Temples , que de pures ſalles , tant par les choſes qu'on y fait , que par le nom qu'ils portent de Miao , & qui a eſté donné par une tres-ancienne inſtitution aux Maiſons où l'on honore les Anceſtres morts des Empereurs & des autres Grands de l'Etat , nom dont on ſe ſert communément pour ſignifier les Temples des Idoles , ainſi qu'on l'a déja remarqué cy-deſſus , & on doit faire attention qu'il eſt ordonné par un Rituel tres- ancien appellé Liki , que ces Edifices ou Temples auſſi-bien que les vaiſſeaux qui ſervent aux Offrandes ou Sacrifices , & dont il n'eſt pas permis de ſe ſervir à nul autre uſage hors des Temples , ſoient conſacrez par le ſang des animaux comme par une eſpece de dedicace. Et pour les veſtemens qui eſtoient & qui ſont encore en uſage pour les Grands , & particulierement pour les Empereurs ; il eſt porté par le même Rituel Liki qu'ils doivent eſtre faits avec une ceremonie ſpeciale , & brûlez lorſqu'ils ſont uſez , de peur qu'on ne s'en ſerve à quelque choſe de profane.

Et quoique les Edifices des autres Anceſtres morts ne s'appellent pas Miao ,

mais Chu Tang, ces deux noms paroiffent avoir la même fignification, & que
ces Edifices font deftinez à rendre un
culte tout pareil aux efprits des morts,
parce qu'on trouve également tant dans
ceux qu'on nomme Chung Miao, que
dans les autres qu'on appelle Chu Tang,
les Images ou Statuës des Anceftres les
plus confiderables ; ou du moins on garde
par tout communément des Tableaux des
Anceftres fur une Table ou Autel, avec
cette infcription, Le fiege de l'efprit de
N. Anceftre mort.

Il paroift que ces Tableaux fe font, du
moins dans le temps prefent, afin que
non feulement ils tiennent la place des
efprits ou des morts ; mais auffi que ces
mêmes efprits ou ames des défunts s'y re-
pofent en quelque maniere, parce que
dans le temps qu'on enfevelit les parens
morts, & qu'on commence à fe fervir de
ces Tableaux, au lieu même de la fepulture, comme il eft conftant par le Rituel
Chinois Kiali, on va devant ces mêmes
Tableaux inviter à genoux en termes exprés, les efprits ou ames des Morts, à
venir s'y repofer, & à retourner dans leur
maifon ; après quoy on porte folemnelle-

ment ces Tableaux à la maison, & on
les place dans le temps marqué avec pa-
reille solemnité dans les Edifices dont on
a cy-devant parlé. Il est encore dit dans
ce Rituel, que quand il faut changer ou
ajoûter quelques lettres dans ces Tableaux, (ce qui se fait lorsqu'on en introduit de nouveaux dans ces Edifices, ou
que l'on fait passer les anciens & les premiers à un rang superieur, suivant l'ordre de consanguinité, ou lorsque l'Empereur, suivant la coûtume du Royaume,
donne à quelques Ancestres morts quelque nouvelle dignité, ou quelque nouveau titre d'honneur qui doit estre marqué sur les Tableaux) on les doit moüiller
avec de l'eau, afin qu'on puisse en effacer ce qu'on veut, & qu'estant ainsi effacez
on jette cette eau, qui a servi à laver le
Tableau, sur la muraille de l'Edifice ou
Temple ; ceremonie qui paroist marquer
un tres-grand respect de ces Chinois envers ces Tableaux. De plus le même Rituel
ajoûte, qu'aprés le quatriéme degré de
consanguinité, quand il n'est plus permis
de garder davantage dans les Edifices ou
Temples ces Tableaux, il faut les enterrer,
les uns dans la propre sepulture des
Ancestres

Ancestres, lés autres dans la partie ante-
rieure de l'Edifice, ou prés de la porte. Anciennement on avoit coûtume de les tranf-
porter des Edifices appellez Chung Miao
dans d'autres, où on les cachoit & con-
fervoit. Et dans le Rituel Kiali, il eſt
marqué que l'Empereur & les grands
Seigneurs en uſent ainſi : On invite les
efprits ou ames, de leurs Anceſtres,
principalement dans le temps des Oblations folemnelles, à deſcendre à ces mêmes Tableaux, où aux lieux, fieges, &
table, fur lefquelles ces Tableaux (fi on
doit les expoſer) aprés avoir eſté tirez
avec grand refpeƈt de leurs Tabernacles,
ont eſté poſez. On invite auſſi ces mêmes
efprits à demeurer dans ces Tableaux ou
dans ces lieux, fieges & tables ; ce qui
fe fait même par des paroles expreſſes,
comme il eſt conſtant par la formule écrite
dans le Rituel Kiali, où il eſt parlé des
Offrandes qu'on doit faire aux premiers
Anceſtres des familles, qu'on appelle
Xy Chu, & Sien Chu, qui font déja
au - deſſus du quatriéme en montant
vers l'origine ; & cette formule doit
eſtre recitée à genoux au milieu de l'E-
difice ou Temple, par le principal Mi-

G

niſtre de l'Offrande , devant un va-
ſe qui eſt poſé là , & rempli de charbons
allumez ; aprés quoy on poſe ou on
répand ſur ces charbons avec une ceremonie particuliere , la graiſſe de l'animal
ou de la victime , afin que la vapeur s'en
éleve , & toûjours au moins avec la ceremonie de l'effuſion du vin ſur une botte
de paille , ceremonie qui s'appelle Kiang
Xin dans le même Rituel ; c'eſt-à-dire ,
la deſcente des eſprits , & qui ordinairement doit ſe faire avec grande reverence & ſolemnité au milieu du Temple ou
Edifice devant une Table ou Autel où
on brûle des odeurs , qui pour cette raiſon
ſe nomme Hiang Cho ; c'eſt-à-dire, Table des parfums : c'eſt-là que l'on fait
enſuite une autre ſemblable ceremonie ,
de répandre du vin, qui eſt appellée Chi,
ce qui ſignifie une Offrande faite à la place
ou ſiege des eſprits (& qu'on dit qui s'a-
dreſſe aux anciens Inſtituteurs & Inven-
teurs du vin.)

De plus, on invite les Anceſtres ou
leurs eſprits à venir jouir , s'il leur plaiſt ,
des choſes offertes , ſelon qu'il eſt preſcrit
dans le même Rituel. Il eſt fait pluſieurs
fois mention dans les anciens livres &

dans les autres Rituels Chinois de cette
defcente ou venue des efprits des Anceftres morts, & de la maniere qu'ils
jouiffent des Offrandes, & dont ils les
acceptent & agréent : d'où il arrive que
plufieurs Chinois penfent ou même croyent
que ces efprits des Anceftres eftant invitez par les fufdites ceremonies y viennent
en effet. Cependant il y en a beaucoup
qui comme on le peut recueillir des Livres
& des Rituels Chinois paroiffent reduire
tout cela à une prefence imaginaire ou
douteufe, plutoft qu'à une prefence réelle,
à une venue effective, & une jouiffance
veritable des efprits. Mais Confucius dans
le Livre Lun Jeu, dit ces paroles : Chy
Ju Chay : Chy Ju Xin, Chay.
(C'eft-à-dire à ceux à qui on offre,)
comme fi ces efprits eftoient prefens ou
exiftans. Dans de certains temps de l'année on fait des Offrandes ou Sacrifices
folemnels aux efprits dans les mêmes lieux
ou Temples des Anceftres morts, & il n'y a
que les hommes & les femmes de chaque
famille dont on honore les Anceftres qui s'y
trouvent, & les aifnez de ces mêmes familles font obligez par la Loy d'exercer
les premieres fonctions dans ces Offrandes :

ce sont ces aisnez qui égorgent de leurs
propres mains les animaux destinez à
l'immolation dans les lieux & avec les ceremonies que les Rituels ordonnent differemment selon la diverse qualité des personnes, & tout s'y passe à peu prés selon
les mêmes rits, (en changeant néanmoins
ce qui doit estre changé) qu'on a décrits
cy-devant dans les Oblations solemnelles
qui se font à Confucius. Dans les Temples
ou Edifices appellez Chu Tang, on n'offre point suivant le Rituel Kiali, des pieces de soye, & dans ce Rituel il n'est fait
nulle mention de cette monnoye de papier
qu'on brûle à present dans toutes les Oblations que les Gentils ont coûtume de faire aux Ancestres morts, parce que cette
ceremonie n'appartient pas proprement à
la secte des Lettrez, & à la fin de cette Offrande il n'est pas prescrit d'user
de la formule dont on se sert dans les pre-
cedentes pour reconduire les esprits quand
ils se retirent : mais seulement ils rapportent à cela quelques inclinations & pro-
strations qu'on doit faire, & qui estant
faites, les Tableaux, si on les a repre-
sentez & exposez, sont reportez dans
leur place, & remis dans les Tabernacles,
le Maistre des ceremonies, comme on l'ap-

prend du *Rituel* Kiali, *promet plusieurs
avantages aux principaux Ministres, &
confusément à tous les assistans, au nom
& comme par le merite des Ancestres.
Et avant que de faire quelques-unes de
ces Oblations solemnelles, on tire au
sort le jour, avec une ceremonie particuliere, à la porte de l'Edifice ou Temple*
Chu Tang, *& pareillement avec une
autre ceremonie speciale qui se fait dans
ce même Edifice ou Temple, on donne
avis de cet heureux choix aux Ancestres
morts, ou à leurs esprits, comme on le
peut voir dans le même Rituel, où on lit
encore, que toutes les Offrandes nommées*
Chi, *consistent uniquement ou principalement dans la plenitude d'un amour
& d'un respect solide & parfait; & c'est
pour cela que les pauvres doivent les
faire selon leur pauvreté & les malades
suivant leurs forces; au-lieu que ceux
qui ont de grands biens & beaucoup de
santé, doivent s'en acquitter exactement
en gardant toutes les ceremonies prescrites.*

Pour ce qui est des prieres, quoique
suivant une ceremonie trés-ancienne, le
Livre ou *Rituel* Liki *n'ordonne d'en
faire dans les* Chung Miao *c'est-à-dire,*

dans les temples des Ancestres défunts, qu'à certains temps & pour les necessitez publiques de l'Empire , & non pas pour les necessitez ou les besoins des particuliers, non plus que pour leur obtenir des avantages ; puisqu'au contraire par cette même ceremonie trés-ancienne, il paroist que cela est défendu dans les Oblations même solemnelles qu'on doit faire ordinairement ; néanmoins on rapporte que les Chinois , sur-tout à present , font aussi quelquefois des prieres à ces mêmes Ancestres défunts pour leur demander des prosperitez particulieres , & ces prieres sont approuvées par un autre Rituel Chinois , divisé en quatre tomes, qu'on nomme aussi Kiali dont les Gentils se servent communément dans la Chine , quoique ce ne soit pas par autorité publique , mais plutost par une permission tacite , que des Docteurs particuliers ont inseré ces prieres dans ce Rituel & ailleurs. Au reste , ils croyent & ils esperent ordinairement qu'ils seront heureux & fortunez , à proportion de la pieté & de l'exactitude qu'ils auront apportées , à s'acquitter des devoirs accoûtumez envers les défunts,

On voit encore par un Rituel classique,
qu'il y a un ordre de l'Empereur à tous
les Gouverneurs des villes de l'Empire,
de s'appliquer avec tout le soin possible à
nourrir les animaux destinez aux Sacrifices qui doivent estre offerts à Xamti, à
tous les esprits, même à ceux des défunts, dans les Temples & les lieux qui
font dediez aux uns & aux autres, &
qu'il est aussi ordonné à ces Gouverneurs
de porter les peuples à faire la même chose, parce que les Oblations dans lesquelles ces animaux doivent estre offerts, font
pour demander des prosperitez en faveur
de ces mêmes peuples. On rapporte encore des Rituels classiques plusieurs autres
choses, dont il semble qu'on peut conclure,
que les Chinois ont enseignez, ont crû il y
a long-temps, ou du moins ont feint, que
non seulement le Xamti, & les autres
esprits, sçavoir ceux des montagnes, des
rivieres, &c. mais même les esprits des
défunts accordoient plusieurs avantages
en consideration de ces Offrandes qu'on
avoit bien faites.

Quant à ceux qui font profession de l'A-
theïsme & qui le suivent, quoiqu'ils nient
l'existence de ces esprits, cependant ils font

entendre que la difpofition des ceremonie?
prefcrites aux Miniftres pour facrifier ou
pour offrir. excite par *un certain mouvemens fympathique* , *remuë & at-
tire en quelque maniere l'air le plus
fubtil du ciel* , *dans lequel* , *ils
affeurent que les efprits des défunts fe
refolvent* , *d'où ils enfeignent qu'il s'écou-
le des influences favorables fur ceux qui
offrent & qui affiftent* ; ce qu'on infere encore de ce qui fe trouve dans les extraits
d'un Livre intitulé ; Confucius , Phi-
lofophe des Chinois , *imprimez denou-
veau par les Peres de la Société* , *& pre-
fentez dans un petit Livre à la Sacrée
Congregation.* Enfin ces Athées auffi-bien
que tous les Anciens, comprennent fous le
nom de Kuei Xin *tous les efprits* , *mêmes
ceux des défunts* , *lorfqu'ils veulent les
defigner & les nommer en general* , *& ils
rapportent de ces* Kuei Xin *plufieurs belles
chofes en general* , *par où ils portent les
peuples à les craindre & à les honorer.*

Outre ces Oblations folemnelles qui fe
font en l'honneur des Anceftres défunts,
il y en a encore d'autres moins folemnelles , d'autres rits & ceremonies qu'on
a coûtume de faire dans les mêmes Edifices ou Temples en l'honneur des mêmes

défunts, dans divers temps de l'année, particulierement le premier jour de l'année Chinoise, aux solstices, & chaque mois dans la nouvelle & dans la pleine-lune. Et quoique M. Maigrot Vicaire Apostolique n'en ait point fait de mention speciale, cependant il paroist à propos d'en faire icy une Question particuliere; & cela pour la raison qu'on a rapportée cy-dessus dans l'endroit où on traite des Oblations moins solemnelles qu'on a coûtume de faire à Confucius. C'est pourquoy.

2. On demande s'il est permis aux Chrestiens de faire dans ces Edifices ou Temples ces Oblations moins solemnelles, d'y servir en qualité de Ministres, ou en quelqu'autre maniere que ce soit, & d'y faire les autres rits & ceremonies.

La raison de douter, outre ce qui a déja esté dit dans la precedente, sur ce qu'on a demandé touchant les mêmes Morts, c'est que dans les temps marquez cy-dessus, les personnes de chaque famille de l'un & de l'autre sexe, qui par leur Office sont obligées à ces ceremonies conformément à ce qui est prescrit par les Rituels Chinois, se revestent dés le grand matin

de beaux habits & tels qu'on les doit
avoir pour lors, vont chacun aux Edifices dediez à leurs Ancestres, qu'on a
eu soin d'orner dés la veille, selon la
coûtume. Là les Chinois après avoir lavé
leurs mains se prosternent devant les Tableaux de ces mêmes Ancestres, avec diverses inclinations & genuflexions. Ces
Tableaux ayant esté tirez de leurs Tabernacles par des Ministres marquez, &
estant placez sur une Table ou Autel, les
cierges allumez, on brûle des odeurs &
de l'enceus, on répand du vin par une
espece de libation, & on l'épanche sur une
botte de paille; (cette ceremonie marque
la descente des esprits) on offre & on sert
devant chacun de ces Tableaux differentes sortes de fruits, & la boisson nommée
Cha : & enfin, avec d'autres genuflexions & inclinations, on dit en quelque façon Adieu aux esprits qui se retirent.

Dans la pleine-lune, selon ce qui est
dans le Rituel Kiali, on ne tire point
les Tableaux de leurs Tabernacles, on
ne sert point de vin, mais on sert du fruit
& la boisson Cha. Le reste se fait comme
dans la nouvelle-lune.

Outre cela, presque tous les jours &
en certains cas, ceux que cela regarde
font differentes inclinations & prostra-
tions, allument des cierges, & brûlent
des odeurs devant ces Tableaux.

Enfin, ceux qui ne sont pas assez riches pour avoir des Edifices ou Temples
dediez aux Ancestres morts, offrent ou
servent, mais avec moins de solemnité, dans les maisons particulieres &
au temps de l'année cy-dessus marquez,
de la chair, du vin, la boisson Cha,
des fruits & autres choses semblables,
devant les Tableaux de ces défunts,
aprés y avoir allumé des cierges, brûlent
de l'encens & des odeurs, & font aussi
des genuflexions ou des inclinations.
Car les Chinois ont communément dans
leurs maisons un certain lieu qui est
comme l'appartement des Dieux domesti-
ques; c'est-là qu'ils gardent les Tableaux
de leurs Ancestres avec l'inscription ac-
coûmée, ils les saluent souvent chaque
jour; & en certain temps, comme on l'a
déja dit, ils font devant eux les ceremonies & les rits qu'on a rapportez.

Les Chinois vont aussi une fois l'année
visiter les tombeaux de leurs Ancestres,

qui font hors de la ville fur les montagnes ou les lieux les plus élevez. Là ils font une Offrande, c'eft-à-dire, qu'ils fervent de la chair, du vin, des fruits, du Cha & autres chofes femblables, avec les génuflexions & les inclinations accoûtumées. Quelques fois ils font toutes ces chofes d'une maniere plus folemnelle conformément aux rits & ceremonies felon leurs forces, faifant auffi la ceremonie de répandre du vin, qui eft appellée comme cy-deffus Kian Xing ; ils arrachent les plantes & les autres herbes qui naiffent autour des fepulchres ils les nettoyent, ils pleurent, & apres avoir ceffé de pleurer ils mangent ce qu'ils ont offert.

Les Chinois ont encore coutume de faire d'autres Oblations plus ou moins folemnelles à leurs Anceftres défunts principalement depuis le jour de leurdeceds jufqu'au temps de leur fepulture. Ces Oblations font femblables aux autres dont on a déja parlé, excepté qu'ils ne les font point dans un Temple ou Edifice dedié, & qu'ils ne s'y fervent point de veftemens magnifiques, parce qu'alors ils font en habit de deuil. Et pour cela.

4. On

4. On demande s'il est permis aux
Chrestiens de faire devant ces Tableaux
des Ancestres, ces Oblations, rits &
ceremonies qu'on à coûtume de faire en
leur honneur dans les maisons particulieres ou à leurs tombeaux ou avant
leur sepulture, & s'ils peuvent les faire, y servir, ou y assister avec les Gentils, ou separément.

5. On demande s'il est permis aux
Chrestiens de faire toutes ces Oblations
soit plus solemnelles, soit moins solemnelles, aussi-bien que les autres rits &
ceremonies, tant dans les Edifices ou
Temples des défunts, que dans les maisons particulieres & aux tombeaux,
comme elles ont été raportées cy-dessus,
& s'ils peuvent les faire, y assister avec
les Gentils, ou y servir, au moins aprés
avoir protesté publiquement ou en secret,
qu'ils ne font point toutes ces choses pour
rendre à leurs Ancestres un culte religieux, mais seulement un culte civil &
politique, & qu'ils ne leur demandent
rien, ni n'esperent rien d'eux.

6 On demande s'il est permis, ou si
on peut permettre aux Chrestiens de
faire separément des Gentils, ou avec

H

eux toutes ces Oblatoirs chacun dans les lieux qui leur conviennent , ou au moins dans leur maison ou aux tombeaux des défunts , de faire aussi les autres rits & ceremonies après en avoir ôté tout ce qu'il pourroit y avoir de superstitieux , ou qui auroit quelque apparence de superstition , c'est-à-dire , offrant seulement les choses qu'on offre ordinairement aux vivans selon la coûtume du Royaume , & avec les ceremonies & les rits qu'on est en usage de faire ou d'employer à l'egard des vivans. Et si cela est au moins permis après la protestation dont on vient de parler.

La raison est , parce que si on ne permet au moins ces choses aux Chrestiens Chinois , il est fort à craindre que ceux qui sont déja Chrestiens ne renoncent tout-à-fait à la Religion Chrestienne , & que ceux qui ne l'ont point encore reçûë ne soyent entierement dégoutez de l'embrasser à l'avenir ; que même ils ne s'élevent contre les Chrestiens comme contre des gens qui abandonnent & qui détruisent les ceremonies établies dans le païs pour honorer les Ancestres défunts ; qu'ils ne les ménacent , & ne les persecutent eux & les *Miſſionnaires*, & qu'ils ne les chaſſent tout-à fait du Royaume.

C'eſt ainſi que le témoigne, quant au fait, le *Pere Jean François de Nicolais Aleoniſſa*, *Vicaire Apoſtolique de* Hu Quang, élû *Evéque de Berite*, qui a les *Rituels* ou les *Textes* qu'on a citez, & qui les a montrez & interpretez.

Sur le V. Article.

On demande ſi on peut permettre aux *Chreſtiens* de retenir dans leurs maiſons particulieres ces *Tableaux des Anceſtres* avec l'inſcription Xin Chu Xin Goei, Ling Goei, c'eſt-à-dire, Le trône ou le ſiege de l'eſprit ou de l'ame de N. défunt. *Et ſi on répond que non,*

2. On demande ſi au moins cela ne ſe pourroit pas après qu'on auroit éffacé cette inſcription, & n'écrivant que le nom du défunt, ou tout au plus la lettre Goei qui ſignifie le ſiege ou le trône. *Et ſi on répond que non,*

3. On demande ſi au moins on le peut faire moyennant une declaration par laquelle on explique quelle eſt la foy des *Chreſtiens* touchant les *Morts*, & quelle doit eſtre la pieté des enfans & des deſcendans envers leurs *Anceſtres*.

H ij

*On demande icy ce qu'on doit détermi-
ner touchant le III. Article qu'on a omis
cy-deſſus, & dont voicy la teneur : Nous
declarons que l'expoſition qui a eſté faite
autrefois au Pape Alexandre VII. ſur les
points controverſez entre les Ouvriers
de cette Miſſion, ne dit pas la verité en
pluſieurs choſes, & qu'ainſi les Miſſionnaires, pour permettre le culte qui eſt
en uſage dans la Chine à l'égard de
Confucius & des Morts, ne peuvent pas
ſe prevaloir des reponſes que le Saint-
Siege a faites, quoiquelles ayent eſté renduës très-ſagement, & conformément
aux circonſtances exprimées dans les
doutes propoſez.*

Sur le VI. Article.

*On demande ce qu'il faut déterminer
ſur le VI. Article du même Edit de
M. Maigrot, dont voicy la teneur :
Ayant remarqué qu'on publie de vive
voix & par écrit de certaines choſes qui
induiſent les ſimples en erreur, & qui leur
ouvrent le chemin à la Superſtition,
comme par exemple : Que la Philoſophie
des Chinois, ſi on l'entend bien, n'a rien
de contraire à la Loy Chreſtienne ; que
par l'expreſſion Tay-Kié les plus ſages*

des anciens ont voulu définir Dieu, Cause premiere de toutes choses.

Que le culte que Confucius a rendu
aux esprits a esté plutost un culte politique que religieux.

Que le Livre que les Chinois appellent Je-King, est un abregé ou une Somme d'une excellente doctrine sur la Physique & sur la Morale.

Toutes lesquelles propositions & autres
semblables nous défendons de publier dans
nostre Vicariat, comme estant faussés, te-
meraires & scandaleuses.

Sur le VII. Article.

On demande s'il faut approuver ce que
M. Maigrot regle dans le 7. Article
dont voicy la teneur : Nous recommandons aux Missionnaires de prendre bien
garde qu'aucun des Maistres Chrestiens
qui lisent & expliquent les Livres Chinois dans les Ecoles, n'inspirent à ceux
qui vont les écouter l'Atheïsme & les diverses Superstitions dont ces Livres, tant
dans le Texte que dans leurs Commentaires, sont remplis, & de les avertir
de refuter les erreurs à mesure qu'ils en
rencontreront ; prenant de là occasion

90 *Lettre au Pape, sur les Idolatries*
d'enseigner avec soin à leurs disciples ce
que la Religion Chrestienne nous appred
de Dieu, de la creation & du gouverne-
ment du monde ; comme aussi de les faire
souvent resouvenir de ne rien mesler dans
leurs écrits, ainsi qu'il arrive aisément,
de ce qui est tiré des principes de l'Ecole
des Lettrez, qui soit contraire à la Loy
Chrestienne.

Nous n'avons, TRES-S. PERE,
que de très-humbles actions de graces
à rendre à VOSTRE SAINTETE', d'avoir
fait dresser avec tant de soin les questions que nous venons de rapporter.
Elles sont dignes de la sagesse, de l'é-
quité, & même de la Majesté du premier Siege de l'Eglise, de ce Siege où
le S. Esprit se repose avec ceux qui
le remplissent, & auquel il appartient
Lettre à M.
le Duc du
Maine, pag.
4. bien mieux qu'aux Jesuites qui s'en
donnent librement la gloire, de conserver tout entier le précieux dépost
de la Foy & de la Doctrine. L'Auteur
de la Lettre à M. le Duc du Maine,
tous ses confreres & tous ses amis
doivent être bien confus de voir
dans la mauvaise peinture que ce Pere a faite des Ceremonies de la Chi-

ne, l'étrange éloignement où il s'est
jetté de la verité, & du respect qu'il
devoit avoir pour le S. Siege.

Ce qu'il semble insinuer sur la facilité que les Heretiques ont de s'en
faire écouter, est peut-estre encore
moins respectueux. Ce font eux qui
soûtiennent à la Cour de Rome le
party des Vicaires Apostoliques, &
qui les servent *de leur plume, de leurs
conseils, & de leur crédit. Le flambeau
de l'heresie* marche devant l'Epouse de
JESUS-CHRIST, non pour l'éclairer, ni
pour l'embraser du feu sacré, mais pour
l'aveugler, & pour exciter dans son
cœur l'ardeur d'un faux zele. Où en
sommes-nous ? L'Eglise seroit-elle
donc prête aujourd'huy, comme on
le disoit au siecle passé, *à tomber en
ruine & desolation?* Les portes de l'enfer pourroient-elles donc prévaloir
contre elle ?

Certainement il est du devoir des
Jesuites, qui l'aiment tant, de nommer au plûtôt ces Heretiques, de les
découvrir hardiment, de crier de toute
leur force pour avertir le Saint Siege
d'y prendre garde. Tout le Christianis-

Lettre à M.
le Duc du
Maine. pag.
160.

H iiij

me attend d'eux ce bon office : Qu'ils les appellent par leur nom : Il n'eſt queſtion ni de crainte, ni de complaiſance : Il y va de tout : Le ſilence en telle occaſion rend ceux qui le gardent reſponſables de tous les maux qui en arrivent. Nous ſçavons bien qu'ils n'étoient pas fort contens de M. le Cardinal Cazanate, ce grand homme dont la memoire ſera à jamais en benediction dans l'Egliſe ; & qu'il leur échapoit quelquefois de dire, que c'étoit autour de luy que tous leurs ennemis ſe raſſembloient. Peut-être ſont-ce là les Heretiques dont ils entendent parler : mais enfin qu'ils les nomment au plûtoſt ; & qu'ils ſouffrent que nous leur faſſions voir par nôtre exemple, que quand la Religion eſt en danger, il faut uſer d'une ſainte & courageuſe liberté.

Nous ne craindrons donc point, TRES-SAINT PERE, de déclarer genereuſement à Vostre Saintete', l'erreur qu'ils s'efforcent aujourd'huy de ſoûtenir, & dont ils ne penetrent pas apparemment toute la malignité ; ni toutes les ſuites. La voicy, TRES-

SAINT PERE, & c'est avec une
extrême douleur que nous nous trouvons obligez à en venir à une si tri-
ste déclaration.

PROPOSITION.

I. **L**A Chine a conservé durant plus de deux mille
ans, avant la naissance de JESUS-
CHRIST, la connoissance du
vray Dieu. II. Elle a eu l'honneur de luy sacrifier dans le plus
ancien Temple de l'Univers. III.
Elle l'a honoré d'une maniere
qui peut servir d'exemple même aux Chrétiens. IV. Elle a
pratiqué une Morale aussi pure
que la Religion. V. Elle a eu la
Foy, l'humilité, le culte interieur & exterieur, le Sacerdoce, les Sacrifices, la sainteté, les
miracles, l'Esprit de Dieu, & la
plus pure charité, qui est le caractere & la perfection même

Lisez les Extraits des Livres des Je-suites, p.8e. de cette Let-tre.

" de la veritable Religion. VI. En-
" sorte que de toutes les Nations
" du monde, celle de la Chine a
" été la plus constamment favori-
" sée des graces de Dieu.

Voilà , TRES S. PERE , l'erreur que
nous dénonçons , & que nous defe-
rons aujourd'huy à Vostre Saintete, & sur laquelle nous venons demander justice pour toute l'Eglise au premier Tribunal du monde , pleins de
confiance que nous obtiendrons in-
faillblement , & la condamnation de
l'erreur , & la condamnation des Livres qui la renferment. Plût à Dieu
que nous pussions en dissimuler les
Auteurs & épargner jusqu'à leur Nom.

Au reste nous supplions tres-humble-
ment Vostre Saintete de remarquer , que dans la démarche que nous
faisons , nous remplissons précisément
nos devoirs , & ne sortons point des
bornes de l'Ouvrage qui nous a été
confié , qui est le salut des Gentil .
Quoique dans la cause de JESUS-
CHRIST & de l'Eglise , tout homme ait droit d'être soldat, nous nous

sommes pourtant abstenus de l'être
contre les Jesuites dans toutes les occasions où il y a eu quelque chose à
reprendre & à censurer dans leurs Livres & dans leurs Theses publiques.
Nous étions bien persuadez que nous
devions nous en reposer sur la vigilance, sur les lumieres, & sur le zele
des grands Prélats que Dieu a donnez
à l'Eglise de France pour la gouver-
ner, & nous ne voulions pas qu'on
pût dire que nous cherchions à susci-
ter des querelles à ces Peres, ou à leur
faire de la peine : Mais dans ce qui
regarde les affaires de la Chine, c'est
positivement nôtre obligation d'y veil-
ler, d'y travailler, & d'en parler.

Les Jesuites ont entrepris il y a
long-temps, de justifier & de soûtenir comme innocentes les Idolatries
& les superstitions Chinoises. Ils ont
réveillé sur cela depuis peu leur ardeur à l'occasion du Mandement des
Evêques Vicaires Apostoliques de la
Chine, auquel ils ne veulent pas se
soumettre ; & pour défendre leur cause en habiles gens, ils ne se font pas
contentez de jetter au hazard quel-

ques propositions détachées, ils ont fait un systême entier, & comme un corps de Doctrine qu'ils opposent à la verité.

Ayant trouvé dans les ceremonies des Chinois, comme elles se pratiquent aujourd'huy, plusieurs choses embarassantes, & qu'il étoit difficile d'excuser, ils ont crû qu'il falloit remonter jusqu'à la source : Ils ont cherché l'origine de ces fameuses ceremonies : quand & par qui elles avoient été instituées ; & ils ont fait sur ce sujet des découvertes merveilleuses. Tout leur a paru pur, saint, excellent dans les commencemens & dans la premiere institution. Ils ont crû appercevoir dans les anciens Livres Chinois des principes & des maximes admirables pour la Religion Chrétienne, une conformité étonnante avec les Veritez de la Foy ; & comme rien ne les arrétoit en si beau chemin, ils se sont donnez une ample carriere, & ont remonté vers la plus obscure antiquité jusqu'à la hauteur de deux ou trois mille ans avant l'Incarnation du Fils de Dieu.

C'est-

C'est-là qu'ils ont placé l'origine des ceremonies Chinoises, qu'ils pretendent avoir esté établies avec des intentions très-droites & très-saintes, avoir ensuite esté amenées par des canaux seurs sans alteration jusqu'au temps de la naissance de Jesus-Christ, & s'estre conservées depuis jusqu'à nos jours en un petit nombre de *veritables adorateurs* dans la même pureté. Il n'y a donc, disent-ils, qu'à rappeller ces ceremonies à leur premiere institution, & qu'à corriger les abus qui peuvent s'y estre introduits, & elles seront bonnes & saintes : Il n'y a qu'à donner aux noms *de Ciel* & de *souverain Empereur,* le premier sens que les anciens Chinois y donnoient, & ils signifieront le vray Dieu : Il n'y a qu'à faire entendre au peuple, que les esprits tutelaires qu'il adore, sont les Anges Gardiens, & les Esprits bienheureux que les premiers Chinois ont reconnus, & à qui ils ont rendu un culte relatif au Souverain Estre, & il n'y aura plus de difficulté sur rien.

Il paroist manifestement par là

I

que tout le sisteme & toute la doctrine des Jesuites touchant les coûtumes de la Chine, roule sur cette supposition qui en est le fondement : Que ce grand Empire, c'est-à-dire, non quelques particuliers, comme Job, mais le corps entier de la nation, & de la nation la plus nombreuse qui fut jamais, a conservé durant deux ou trois mille ans la veritable Religion, avec une morale pure, & qu'il en demeure encore aujourd'huy d'excellens restes. *Un abysme appelle un autre abysme ;* & pour soûtenir l'erreur des ceremonies superstitieuses, ils ont recours à une autre erreur encore plus funeste. Nous ne leur imposons rien, & vous allez voir, TRES-S. PERE, par les extraits fidelles de quelques-uns de leurs livres (car nous ne les avons pas tous lûs) que dans la proposition generale que Vostre Sainteté vient d'entendre, nous avons parlé bien moderément.

EXTRAITS FIDELLES DES LIVRES DES JESUITES.

Il La Chine plus heureuse dans ses commencemens que nul autre peuple du monde, a puisé presque dans la source les saintes & les premieres veritéz de son ancienne Religion.

Comme si Dieu luy-même s'estoit fait le Legislateur de la Chine, la forme de son Gouvernement n'a esté gueres moins parfaite dans son origine, qu'elle l'est à present, aprés plus de quatre mille ans qu'elle dure.

Les Jesuites trouverent que les premiers Chinois avoient connus un Dieu souverain, & des esprits inferieurs qui veillent à la conservation des Rois, des Gouverneurs, des Magistrats, & du peuple : qu'ils leur rendoient un culte religieux, & que cette Religion qui estoit sans doute venuë des enfans de Noé, avoit continué à la Chine près de deux mille ans, sans presque aucun meslange d'Idolatrie.

Les Chinois reconnoissent dans tout l'Empire un Dieu souverain, qui aprés

Memoires de la Chine du Pere le Comte, to. 2. p. 133.

Ibid p. 3.

Lettre à M. le Duc du Maine pag. 31.

Ibid. p. 58.

» *la vie récompensoit les bons & punis-*
» *soit les coupables.*

<table>
<tr><td>

Mem. de la Chine du P. le Com te, to. 2. p. 141.

</td><td>

» *Huit cens ans avant la naissance de*
» *nostre Seigneur, l'Idolatrie n'avoit point*
» *encore infecté l'esprit des Chinois : de*
» *sorte que ce peuple a conservé près de*
» *deux mille ans la connoissance du veri-*
» *table Dieu.*

</td></tr>
<tr><td>

Traité de la Chine du P. Ricci, l. 1. c. 10, p. 104.

</td><td>

» *Je lis dans les Livres des Chinois,*
» *que dès leur origine ils ont adoré un*
» *Dieu souverain, qu'ils appelloient* le
» *Roy du ciel, ou d'un autre nom* le
» *ciel & la terre.*

</td></tr>
<tr><td>

Histoire de l'Edit de l'Empereur de la Chine, note d. m. pag. 104.

</td><td>

» *La Chine a conservé plus de deux*
» *mille ans la connoissance du vray Dieu,*
» *& elle n'est dev. nuë idolatre que cinq ou*
» *six cens ans avant la naissance de*
» JESUS-CHRIST.

</td></tr>
<tr><td>

Le P. Dez dans sa Re- queste au Pa- pe, du 12. Sept. 1697. p. 600. & 601. hist. cult. Sin.

</td><td>

» *Les Jesuites Missionaires de la Chine*
» *ont esté persuadez que les anciens Chi-*
» *nois ont invoqué le Dieu vivant & le*
» *vray Dieu pendant une longue suite de*
» *plusieurs siecles . . . . Et il paroist cer-*
» *tain que l'Idolatrie n'est entrée dans la*
» *Chine qu'après la naissance de* JESUS-
» CHRIST.

</td></tr>
<tr><td>

Mem. de la Chine du P. le Comte

</td><td>

» *Il est aussi fort croyable que les trois*
» *Familles suivantes (c'est-à-dire aprés*

</td></tr>
</table>

Yao & Chun) *ont toûjours conservé* « tom 2. p. 156.
la connoissance de Dieu durant près de «
deux mille ans, sous les regnes de qua- «
tre vingts Empereurs. «

Autrefois les Chinois n'estoient point « Observat. manusc. du P. Dez sur le Mand. de M. Maigrot. p. 119
Athées, ils adoroient tous le vray Dieu. «

Les Chinois durant plus de trois mille « Id. p. 107.
ans ont entendu par le nom de Chamti, «
le vray Dieu; & les Chinois d'aujour- «
d'huy qui ne sont point Athées (entre «
lesquels est l'Empereur aussi bien que «
la pluspart des Courtisans, & un tres- «
grand nombre de Sçavans ou Lettrez) «
l'entendent encore ainsi. «

Confucius est encore le modelle de tous « Mem. de la Chine, du Pere le Comte. to. 1. p. 405
les gens de bien. «

Aujourd'huy la premiere secte des « Histoire de l'Edit de l'Empereur par le Pere Gobien dans sa Preface.
Chinois est de ceux qui reconnoissent dans «
le monde un Esprit superieur, éternel, «
tout puissant, & tel à peu près que «
leurs peres l'ont reconnu dans les pre- «
miers Siecles de leur Monarchie, sous le «
nom de Seigneur du Ciel (Chamti.) «
Il faut pourtant avoüer que le nombre «
de ces veritables adorateurs *n'est pas fort* «
grand, quoique l'Empereur en soit le Chef. «

Nous l'avons vû (l'Empereur) pen- « Portrait de l'Empereur
dant tout le temps que duroit la secheresse, «

La P. Bouvet,
p. 73. & 74.

» *se tenir enfermé dans son Palais sans en*
» *sortir, sinon pour aller avec toute sa*
» *Cour, au temple dedié au ciel, selon*
» *la coûtume observée de tout temps en*
» *semblables occasions dans la Chine, y*
» *demander la pluye par des prieres & des*
» *Sacrifices publics qu'il offre au vray Sei-*
» *gneur du Ciel & de la terre.*

Histoire de
l'Edit de
l'Empereur
de la Chine
par le Pere
Gobien, P.
104. & 105.

» *Les Jesuites dirent à l'Empereur, qu'il*
» *ne falloit pas que Sa Majesté regardast*
» *la Religion Chrestienne comme une Reli-*
» *gion étrangere, puisqu'elle estoit la même*
» *dans ses principes & dans ses points fon-*
» *damentaux, que l'ancienne Religion dont*
» *les Sages & les premiers Empereurs de*
» *la Chine faisoient profession, adorant, le*
» *même Dieu que les Chrestiens l'adorant,*
» *& le reconnoissant aussi-bien qu'eux pour*
» *le Seigneur du Ciel & de la terre.*

Portrait de
l'Empereur
par le Pere
Bouvet, P.
119.

» *Un Jesuite répond au Prince fils de*
» *l'Empereur & son heritier presomptif,*
» *que la doctrine de Confucius & des an-*
» *ciens Chinois, non seulement n'estoit*
» *point contraire à la Religion Chrestienne,*
» *mais qu'elle s'accordoit tres-bien avec*
» *ses principes ; & on ajoûte, que le Prince*
» *témoigna une grande satisfaction de cette*
» *réponse.*

II. Hoamti *troisiéme Empereur bâtit* « Mem. de
un Temple au souverain Seigneur du « la Chine du
ciel, & si la Judée a eu l'avantage de « P. le Comte,
luy en consacrer un plus riche & plus ma- « to. 2. p. 134.
gnifique, sanctifié même par la presence « & 135.
& par les prieres du Redempteur, ce «
n'est pas une petite gloire à la Chine d'a- «
voir sacrifié au Createur dans le plus an- «
cien Temple de l'univers. «

III. *Le peuple Chinois a honoré le* « Ibid. p. 141.
vray Dieu d'une maniere qui peut servir «
d'exemple & d'instruction même aux «
Chrestiens. «

IV. *La Morale des Chinois parut aux* « Lettre à M.
Jesuites aussi pure que la Religion, & ces « le Duc du
Missionnaires admirerent souvent les « Maine, p. 32.
excellentes maximes & les exemples de «
vertu heroïque qui sont répandus dans la «
plûpart de leurs anciens Livres. «

La Chine a conservé plus de deux mille « Mem. de la
ans la connoissance du vray Dieu, & « Chine to. 2.
pratiqué les maximes les plus pures « p. 146.
de la Morale, tandis que l'Europe, & «
presque tout le reste du monde estoit dans «
l'erreur & la corruption. «

V. *Ces anciens Legislateurs, pour con-* « Le P. Des
server la pureté de leur Religion & le cul- « hist. cult.
te d'un seul Dieu exempt de toute erreur, « sin. to. 2. p.
« 110.

,, ont voulu qu'on ne pust luy offrir le Sa-
,, crifice que dans les deux Temples du ciel,
,, qui sont dans les deux Metropoles de
,, cet Empire, & cela par les mains des
,, Empereurs mêmes. C'est pour cela que
,, dans leur LIKI, *qui est le plus ancien Ri-*
,, tuel on prescrit avec tant d'exactitude, &
,, si fort en détail les rits & les ceremonies
,, de ce Sacrifice; on lit même dans les An-
,, nales des Oraisons publiques & solemnel-
,, les qu'on addresse au Ciel.

Le P. Dez dans sa Requeste au Pape Hist. cult. sin. tom. 1. p. 656.

,, On observe que le Sacrifice Chai, *qui*
,, est le souverain Sacrifice, a esté offert par
,, les anciens Chinois à Dieu seul, qui est
,, le Souverain des esprits; & qu'on a fait
,, aux Anges, qui sont les esprits inferieurs
,, des Offrandes d'un ordre inferieur.

Id. p. 657.

,, Dans le Sacrifice Chai, *& dans les*
,, Offrandes qu'on fait aux esprits, on dé-
,, mande du secours, & on prie d'estre dé-
,, livrez des calamitez.

Id. p. 132.

,, Concluez de là, que le Temple qu'on ap-
,, pelle le Temple du Ciel, est le Temple du
,, Seigneur des cieux; & que le Temple de la
,, terre est celuy du Seigneur de la terre.

Memoire de la Chine du P. le Comte, 1. tom. p. 134.

,, Fohi *premier Empereur de la Chine*
,, nourissoit avec soin en sa maison sept
,, especes d'animaux pour servir aux

Sacrifices qu'on offroit au souverain Es- "
prit du ciel & de la terre ; c'est pour cela "
que quelques-uns l'ont appellé Paho-hi, "
c'est-à dire victime, nom que les plus "
grands Saints du vieux & du nouveau "
Testament se feroient honneur de porter, "
& qui estoit reservé pour celuy qui s'est "
egalement fait victime pour les Saints "
& pour les pecheurs. "

Téhouen-hio cinquiéme Empereur " Ibid. p. 135.
ne crut pas devoir renfermer dans un "
seul lieu ses hommages (il parle des hom- "
mages rendus à Dieu) il nomma des "
Prestres ou des Mandarins Ecclesiasti- "
ques en diverses Provinces, pour presi- "
der aux Sacrifices. Il leur ordonna sur "
tout que le Service divin se fist avec res- "
pect, & qu'on observast religieusement "
toutes les ceremonies. "

Tiko son successeur ne fut pas moins " Id. p. 135.
appliqué à ce qui regardoit la Religion. "
On raconte dans l'Histoire, que l'Impe- "
ratrice sa femme estant sterile, deman- "
da à Dieu des enfans avec une si gran- "
de ferveur durant le temps du Sacrifice, "   Miracles
qu'elle conçût peu de jours après, & ac- "
coucha dan la suite d'un fils, celebre par "
quarante Empereurs consecutifs que sa "
Famille donna à la Chine.

Ibid. p. 135.
& 136.

,, Yao & Chun, *les deux Princes qui*
,, *luy succederent, sont si fameux par leur*
,, *pieté & par la sagesse de leur gouverne-*
,, *ment, qu'il y a bien de l'apparence que*
,, *sous leurs regnes la Religion fut encore*
,, *plus florissante.*

Ibid. p. 136. ,,   *Il est certain que durant tout ce temps*
,, *(c'est-à-dire dans l'espace de près de*
,, *deux mille ans que durerent les regnes de*
,, *quatre-vingts Empereurs successeurs de*
,, Yao & Chun) *on recommanda toûjours*
,, *aux Princes l'observation des maximes de*
,, *l'Empereur* Yao, *dont la premiere &*
,, *la plus essentielle regardoit le culte du sou-*
,, *verain Maistre du monde.*

Memoire de
la Chine du
Pere le Com-
te to. 1. pag.
396.

,,   *Les deux successeurs du Roy* Yao *re-*
,, *glerent les ceremonies des Sacrifices qu'on*
,, *devoit offrir au souverain Maistre du*
,, *ciel & aux esprits inferieurs qui presi-*
,, *doient aux fleuves & aux montagnes.*

Memoire de
la Chine du
P. le Comte
to. 2. p. 137.
& 138.

,,   Vou Vam, *Fondateur de la troisiéme*
,, *race, offroit luy-même des Sacrifices*
,, *selon l'ancienne coûtume ; & son frere*
,, *qui l'aimoit tendrement, & qui le croyoit*
,, *encore necessaire à l'Estat, le voyant un*
,, *jour en danger de mourir, se prosterna*
,, *devant la Majesté divine pour en ob-*
,, *tenir la guerison.... Seigneur, dit ce*

bon Prince, je suis peu utile en ce monde ; "
s'il vous faut une victime, je vous offre "
de tout mon cœur ma vie en Sacrifice, "
pourvû que vous conserviez mon Maistre, "
mon Roy, & mon frere. L'Histoire af- "
sure qu'il fut exaucé, & qu'il mou- "
rut en effet après sa priere. Exemple qui "
prouve manifestement que non seulement "
l'esprit de la Religion s'estoit conservé "
parmy ces peuples, mais qu'on y suivoit "
encore les maximes de la plus pure cha- "
rité qui en fait la perfection & le ca- "
ractere. "

   Outre le culte interieur qui estoit re- " Ibid. p. 142
commandé, on s'attachoit avec scrupule " & 142.
jusqu'aux moindres ceremonies exterieu- "
res. Les Reines nourrissoient elles-mêmes "
des vers â soye, & faisoient de leurs "
mains des étoffes pour l'ornement des "
Autels, & pour les habits des Eccle- "
siastiques. "

   Ces peuples anciennement si sages, si " Ibid p. 183.
pleins de la connoissance, & si j'ose le "
dire, de l'Esprit de Dieu, sont enfin pi- "
toyablement tombez dans la Superstition. "

   La connoissance du vray Dieu, qui " Memoire de
avoit duré plusieurs siecles, après le regne " la Chine to.
de l'Empereur Cam-Vam, & même fort " 2. p. 148.
probablement long.temps après Confu-

» cius, ne se conserva pas toûjours dans
» cette premiere pureté. L'Idolatrie s'em-
» para enfin des esprits, & les mœurs
» devinrent si corrompuës, que la Foy
» n'estant plus qu'une occasion d'un plus
» grand mal, leur fut peu à peu ostée
» par un juste jugement de Dieu.

Memoire de
la Chine du
P. le Comte.
tom. 1. page
415.

» On ne peut presque rien ajoûter ni
» au zele de Confucius, ni à la pureté
» de sa morale : il semble quelquefois que
» ce soit un Docteur de la nouvelle Loy
» qui parle ...... son humilité & sa
» modestie donneroient lieu de juger qu'il
» a esté un homme inspiré de Dieu pour
» la reforme de ce nouveau monde.

Ibid. p. 406.
» Confucius honoroit ses parens, il tâ-
» choit en tout d'imiter son ayeul qui vi-
» voit pour lors à la Chine en odeur de
» sainteté.

Ibid. p. 401.
» Un Philosophe du païs luy dit un jour:
» Vous qui estes le petit-fils d'un Saint.

Ibid. p. 431.
» Confucius dit à son fils : Les Saints
» se sont d'abord appliquez aux choses
» les plus aisées.

Ibid. p. 415.
& 416.
» Confucius estant mort, il fut pleuré de
» tout l'Empire, qui dés ce temps-la l'ho-
» nora comme un Saint, & inspira pour
» luy à la posterité des sentimens de veneration

neration, qui apparemment ne finiront »
qu'avec le monde. *Les Rois lui ont bâ-* cc *Miao si-*
ti des Palais dans toutes les Provinces ; cc *gnifie un*
on y voit en plufieurs endroits ces titres cc Temple .
d'honneur écrits en gros caracteres : Au cc & non pas
grand Maiftre. Au premier Docteur. cc un Palais.
Au Saint. cc

- V I. *Dieu dans la diftribution de fes* cc Mem.
dons ne fait point d'injuftes preferences ; cc de la Chi-
mais il a fes momens marqueZ pour faire cc ne du P. le
luire en fon temps la lumiere de fa gra- cc Comte ,
ce , qui comme celle du foleil fe leve & cc to. 2. p.
fe couche fucceffivement dans les diver- cc 147. &
fes parties du monde , felon que les peu- cc 148.
ples en font un bon ou un mauvais ufage. cc
Je ne fçay , Monfeigneur , fi j'oferois cc
ajoûter , que comme le foleil , qui par cc
un mouvement continuel, fe cache à tous cc
momens à quelque-uns pour fe décou- cc
vrir à d'autres , éclaire néanmoins éga- cc
lement chaque année toutes les parties cc
de la terre ; de même Dieu par ce cours cc
myfterieux des lumieres de la Foy , *qui* cc
ont efté communiquées au monde , a pref- cc
que également partagé tous les peuples , cc
quoique en differens temps & en diffe- cc
rentes manieres. Quoi qu'il en foit , dans cc
cette fage diftribution de graces que la cc

K

» *Providence divine a faite parmy les na-*
» *tions de la terre , la Chine n'a pas sujet*
» *de se plaindre ,* puisqu'il n'y en a aucu-
» ne qui en ait esté plus constamment fa-
» vorisée.

S'ils disent vray & si leurs découvertes sont certaines , que devient tout
le fond & tout le plan de la Religion
Chrestienne , portée à sa perfection
par Jesus-Christ , conservée en un degré moins parfait chez le peuple Juif ,
& amenée depuis Adam jusqu'à ce
peuple par la posterité de Seth ?
Que devient l'élection d'Abraham &
toutes les promesses faites à ce Patriar-
che & à ses enfans ? Que devient le
choix d'un peuple cheri , & sa separa-
tion tant celebrée d'avec toutes les
autres nations de la terre ? Que deviennent toutes les précautions prises par la Sagesse éternelle pour conserver dans le sein de ce peuple choisi
le sacré dépost de la verité & des di-
vines Ecritures , qui n'a point esté
confié aux autres nations à qui
Dieu n'avoit pas manifesté ses jugemens ? Que devient la distinction &

la difference continuellement marquée entre le Juif & le Gentil , qui font demeurez feparez jufqu'à ce que Jefus-Chrift ait rompu dans fa chair adorable le mur de feparation qui les divifoit ?

Où les Jefuites placeront-ils ce troifiéme peuple qui n'eft ny Juif ny Gentil ?

Que deviennent les oracles des Prophetes qui affurent en tant d'endroits , que le privilege de la Judée , c'eft que le vrai Dieu y foit connu & que fon Nom foit grand dans Ifraël : Que ce Dieu jufte par un fecret impenetrable a laiffé aller toutes les autres nations dans leurs voyes & dans la corruption de leur cœur : Que fa portion & fon heritage eft Ifraël : & qu'Ifraël eft de tous les peuples qui font fur la terre , le peuple particulier qu'il s'eft attaché ?

Mais comment le falut de la Chine durant plus de deux mille ans fe fera-t-il enfin operé , fans livres facrez , fans Prophetes , fans revelation , fans Sacerdoce inftitué de Dieu , fans Teftament , fans promeffes. C'eft la doctrine conftante de l'Apoftre des Gen-

tils expliquée par S. Augustin & em-
brassée par toute l'Eglise, que Jesus-
Christ estoit hier, qu'il est aujour-
d'huy & qu'il sera dans tous les siecles : que nul autre Nom que le sien
sous le ciel n'a esté donné aux hommes
en vertu du quel ils puissent estre sau-
vez : qu'en tout temps la connoissance
d'un Messie & d'un Redempteur a esté
necessaire au salut : que comme la pieté
Chrestienne consiste aujourd'huy à reconnoistre, à honorer, & à imiter Jesus-Christ venu sur la terre ; la pieté
des Juifs & des Justes sous les deux
premieres Loix consistoit à attendre, à
esperer, & à demander Jesus-Christ
promis.

Les Jesuites nous trouveront-ils encore dans les Livres de la Chine les
traces & les caracteres du Messie ?
Les Chinois l'ont-ils connu, l'ont-
ils attendu, l'ont-ils demandé, eux qui
ne l'ont pas obtenu ?

Quelle nouvelle profondeur des ri-
chesses de la science & de la sagesse de
Dieu ! Quelle nouvelle incompre-
hensibilité de ses jugemens ! Le peuple qui l'a le mieux servi, le plus long-

temps , & le plus constamment honoré , est justement celuy qui reçoit le
plus tard la lumiere de l'Evangile , &
la connoissance distincte de Jesus-Christ,
sans laquelle personne ne peut maintenant arriver au ciel. Disons mieux ,
le peuple le plus fidelle est le plus mal-
traité & le plus profondément reprou-
vé. Car c'est precisément , selon les
Jesuites, vers le temps où Jesus-Christ
a paru sur la terre, pour appeller les
nations à la foy , & pour ruiner le
culte des Idoles , que l'Idolatrie a commencé à se répandre dans la Chine.
Rien n'égale la justesse du système des
Peres , & ils ne pouvoient mieux placer
leurs époques. Dans le temps que le
reste de la terre couvert d'impies & de
scelerats , commence à estre délivré de
l'Idolatrie , la Chine pour récompen-
se de sa pieté commence à la recevoir , & la garde inviolablement jusqu'en nos jours.

Il n'est pas difficile d'estre perseverant & invariable dans le mal ; la pente de la corruption humaine suffit
pour cela : mais il est impossible
sans la grace , & très-difficile avec la

grace d'être perseverant & invariable dans le bien comme l'ont esté les Chinois durant deux mille ans. En quoy ils ont eu un avantage que ni le reste des Gentils, ni les Juifes, ni même, si on l'ose dire, les Chrestiens n'ont pas eu.

Dès le temps d'Abraham & de Moïse, qui vivoient dans les lieux les plus proches de ceux où Noé & ses enfans avoient habité, les Livres sacrez nous font remarquer que l'Idolatrie estoit déja fort commune. Les descendans d'Abraham & de Loth, c'est-à-dire, les Moabites & les Ammonites, y tomberent presque aussi-tost aprés la mort de ces deux grands hommes : Les Moabites adoroient l'Idole de *Chamos*, & les Ammonites celle de *Moloch*. Les Juifs couverts, pour ainsi parler, des aîles de Dieu, & continuellement surveillez par les Prophetes, ne pouvoient demeurer vn intervalle assez mediocre, sans qu'une partie considerable de la nation se laissast entraisner aprés les veaux d'or, & aprés les dieux des nations étrangeres. L'Ecriture est pleine de leurs rechûtes continuelles,

& des chaſtimens que ces rechûtes leur
attiroient, quoique pour les en preſer-
ver, comme obſerve ſaint Auguſtin,
une loy dure leur euſt eſtê donnée, afin
que ce joug leur peſant continuellement ſur les épaules, ils euſſent moins
de facilité à lever les yeux vers les
Idoles.

Le Chriſtianiſme même tout parfait
qu'il eſt, n'a pas préſervé ſes Sectateurs,
ni des hereſies, ni des ſchiſmes, ni du
déreglement des mœurs; & cela dés
le temps meſme des Apoſtres. L'Evangile de ſaint Jean & l'Apocalypſe ont
eſté écrits pour remedier à ces grands
maux.

Si les Jeſuites n'ont pas lû ce qu'ils
diſent dans les Livres des Chinois, ou
qu'ils les ayent mal interpretez, ils
ſont bien coupables de le rapporter avec
une ſi prodigieuſe aſſeurance; ou ſi
ayant lû & bien entendu ces Livres,
ils ont donné aveuglément dans des
chimeres & dans des fables qui détrui-
ſent noſtre Religion, ils ſont encore
plus coupables & plus dignes de repre-
henſion. La doctrine commune de l'E-
gliſe devoit ſuffire pour les arreſter, &

au défaut de la doctrine de l'Eglise, la connoissance du cœur de l'homme, de ses tenebres, de sa malice, de sa corruption, de sa pente au mal, de son penchant violent à se faire un Dieu de l'ouvrage de ses mains, & de tout ce qui flate ses passions, devoit certainement les rendre plus sages & plus retenus : L'ardeur de vaincre les a emportez.

Il est necessaire pour l'Eglise & pour eux-mêmes, TRES-SAINT PERE, qu'en condamnant l'erreur qu'ils soûtiennent, vous soûteniez la verité qu'ils condamnent. Mais nous osons conjurer très-humblement & très-instamment Voftre Sainteté, qu'Elle daigne aller d'abord au plus pressé. Les ames perissent dans la Chine, & le scandale y augmente tous les jours. Commencez donc, s'il vous plaift, TRES-SAINT PERE, par retrancher les Idolatries & les Superstitions Chinoises. Les Jesuites seroient peut-eftre ravis de nous faire prendre le change, & de nous jetter dans la discussion des faux principes de leur syfteme, (qu'ils vont apparemment défendre par de gros vo-

lumes,) pour détourner noftre attention de l'objet qui nous a touchez d'a-
bord , & qui le premier nous a fait venir aux pieds de Voftre Sainteté:

Mais vous nous permettrez , TRES-
SAINT PERE , de ne leur rien répondre jufqu'à ce que le culte des Chinois
foit profcrit , (parlons plus jufte , &
ne nous éloignons pas de nos premiers
fentimens ,) jufqu'à ce que ce point
important foit reglé. Ce n'eft pas à
nous à faire la loy au Saint-Siege. Nous
ne demandons à proprement parler , ni
la condamnation , ni l'approbation des
ceremonies Chinoifes : nous demandons , comme nous avons toûjours fait,
le jugement & la décifion ; afin que les
Vicaires Apoftoliques ayent une regle
qu'ils puiffent fuivre , & qu'ils puiffent
faire fuivre paifiblement aux nouveaux
fidelles. Nous attendons avec une parfaite foumiffion ce qu'il plaira à Voftre
Sainteté de décider.

Les Jefuites diront tant qu'ils voudront , que fi l'on a droit d'alleguer
le pretexte que les faits n'ont pas efté fi-
dellement rapportez , jamais Rome ne dé-
cidera rien fur ces matieres, qui les oblige.

Lettre à
M. le Duc
du Maine ,
p. 142.

Parler ainfi, c'eft pofer des pierres d'attente pour s'élever un jour contre la
décifion du Saint-Siege. Pour nous,
Tres-Saint Pere, nous la rece-
vrons fans referve, & nous la defirons
ardemment.

En cela nous ne craignons pas de dire,
que nous aurons toûjours dans l'efprit
des gens de bien un avantage que les Jefuites ne fçauroient jamais nous ofter.
Nousvoudrionsfinir, & ils s'y oppofent;
ils font foupçonner par là qu'ils cherchent d'autres interefts que les interefts
de Jesus-Christ. Ils fuyent le jugement, parce qu'ils apprehendent l'hu-
miliation : nous ne craignons, graces à
Dieu, ni l'un ni l'autre, parce que
nous ne cherchons que la verité. Tout
nous fera bon pourvû qu'on finiffe.

Il n'eftoit pas queftion, comme ils
ont fait, de donner une Scene en France par leurs écrits. C'eftoit à Rome
que l'affaire eftoit portée ; c'eftoit là
qu'il falloit écrire ; ou plutoft, c'ef-
toit-là & par tout ailleurs qu'il falloit
fe taire, puifqu'ils n'ont déja que trop
écrit. Ils difoient autrefois qu'on ne
pouvoit rien ajoûter auv Traitez de

leurs Autheurs sur les ceremonies Chinoises, & que la matiere estoit épuisée.
Aujourd'huy c'est à recommencer. Il
y a bien-tost soixante ans que l'affaire dure, & ils se plaignent qu'on les
presse trop, & demandent du temps
pour faire venir de nouvelles pieces &
de nouveaux Avocats de la Chine, à
moins qu'on ne veuille s'en rapporter
à ce que leur en a dit l'Empereur, *qui
vaut luy seul*, disent-ils, *une Université toute entiere.* Croyent-ils que si nous
n'estions pas touchez du bien des ames,
qui ne s'accorde point avec tous ces re-
tardemens, nous ne dissions pas aussi-
bien qu'eux, qu'il nous doit arriver de
nouveaux écrits de la Chine, & que
nous ne demandassions pas à faire venir à Rome M. l'Evêqué de Rosalie,
ou M. l'Evêque de Conon, qui mieux
instruits que personne de ce qui se
passe dans cet Empire, sont en estat
l'un & l'autre de leur fermer la bouche ?

Mais non, TRES-SAINT PERE,
nous sommes persuadez que la cause est
assez instruite pour la finir. Et si Vostre
Sainteté le permet, nous offrirons aux

Lettre à
M. le Duc
du Maine,
p. 113.

Jesuites de signer conjointement avec eux une Lettre que nous prendrons la liberté de luy adresser, par où nous engagerons à ne pas dire desormais une seule parole sur cette affaire ; afin de laisser aux Qualificateurs, aux Cardinaux, & encore plus à Voftre Sainteté, la facilité de la terminer. Nous croyons même qu'il eft de la fageffe, que nous nous condamnions dès-à-prefent au filence. La chofe du monde que nouscraindrions le plus, c'eft qu'on regardaft ce qui fe paffe aujourd'huy entre les Evêques & les Jefuites, comme des brouilleries où l'on ne comprend rien, comme des queftions de noms & de mots, comme des querelles de gens qui ne s'entendent pas eux-mêmes, qui ne fe peuvent fouffrir les uns les autres, & qui pretendant tous avoir raifon, ont tous également tort. Pluft à Dieu que les Jefuites au-lieu de dire à M. le Duc du Maine : Jugez, Monfeigneur, vouluffent bien dire finccrement à Voftre Sainteté : Jugez, Tres-Saint Pere. M. le Duc du Maine a tout l'efprit & tout le merite imaginable ; mais plus il en a, plus il eft en eftat

de

de voir qu'il ne peut pas estre u n Juge competant en ces matieres.

Leur intention n'est pas aussi que ce
grand Prince prononce un Arrest ; ils
souhaiteroient seulement que luy &
tous ceux qui sont attachez à luy , pu-
bliassent au milieu de la Cour , que
les Jesuites ont raison ; qu'il voulust
bien en parler au Roy dans les mêmes
termes; que le Roy qui l'écoute, &
& qui a mille bontez pour luy , s'en
laissast persuader ; que le bruit s'en répand st partout ; que sa Majesté souf-
ffrist qu'on en écrivist quelque chose à
son Ambassadeur ; que l'Ambassadeur
en parlast à Vostre Sainteté , & que
l'affaire par là fust encore suspenduë &
retardée.

De deux hommes qui disputent &
qui contestent ensemble , lequel a le plus
de raison , ou de celuy qui ne demande qu'à finir les contestations , ou de
celuy qui voudroit les rendre éternel-
les ?

Les Jesuites qui doivent mieux sçavoir que nous les regles de l'obeïssan-
ce , puisqu'ils en ont fait un vœu , n'i-
gnorent pas que tout ce que ces regles

permettent aux inferieurs à l'égard de
ceux que Dieu a mis fur leur tefte,
c'eft de reprefenter humblement & mo-
deftement leurs raifons. Ils ont donc
la liberté de remontrer, qu'outre toutes les pieces déja produites, il pourroit encore leur en venir de nouvelles;
qu'ils en attendent; qu'ils craignent
que le Saint-Siege ne foit pas encore
fuffifamment informé; qu'ils apprehendent qu'on n'aille trop vifte, & qu'on
ne prenne un mauvais party dans une
affaire de cette confequence; que tout
feroit en danger d'eftre perdu pour la
Religion dans la Chine. Et quand ils
auront une fois tout dit, qu'ils fe tai-
fent. Leur confcience eft en feureté; ils
ont averti, ils ne font plus refponfa-
bles de rien. Encore eft-il jufte qu'ils
donnent quelque chofe au Saint-Ef-
prit, qu'ils ne manquent pas tout-à-fait
de confiance aux lumieres de Voftre
Sainteté, & qu'ils fe fouviennent que
non feulement c'eft à Elle à juger la
caufe, mais à juger, fi la caufe eft en
eftat d'eftre jugée.

Il ne nous refte plus en finiffant cette
Lettre, que d'avertir très-refpectueu-

sement Voftre Sainteté, que quelque tour que prennent les affaires dont nous venons de parler, nous ferons bien-toft obligez d'en propofer une autre, qui ne paroiftra pas moins grande, ni moins importante à la Religion.

Nous fouhaitons ardemment à Voftre Sainteté pour le bien general de l'Eglife, & pour l'intereft particulier des nations infidelles, plufieurs années d'une heureufe vie, & nous luy demandons avec toute la veneration poffible fa benediction Apoftolique,

TRES-SAINT PERE,

DE VOSTRE SAINTETE',

Les Très-humbles & très-obeïffans Fils & ferviteurs, le Superieur, & les Directeurs du Seminaire des Miffions Etrangeres.

A Paris ce 20. Avril 1700.

REVOCATION

DE L'APPROBATION DONNE'E en 1687. par M. l'Abbé DE BRISACIER, *Superieur du Seminaire des Miſſions Etrangeres, au Livre* De la Défenſe des Nouveaux Chreſtiens, & des Miſſionnaires de la Chine, *par le R, P. le Tellier Jeſuite.*

LA premiere gloire de l'eſprit de l'homme eſt de ne s'écarter jamais de la verité : La ſeconde, eſt d'y revenir humblement quand on s'en eſt écarté par malheur. Il eſt ſur-tout du devoir d'un Preſtre de JESUS-CHRIST, de s'y tenir toûjours attaché ; & s'il luy arrive quelquefois d'en prendre l'apparence pour le fonds, dès qu'il s'apperçoit de ſon erreur, il eſt obligé de l'avouer ſincerement. C'eſt-là l'obligation préciſe que j'ay deſſein de remplir dans cette revocation.

Lorſque j'approuvay en 1687. le Li-

vre du P. le Tellier , qui porte pour titre : *Défense des Nouveaux Chrestiens,*
& des Missionnaires de la Chine , je le
fis de très-bonne foy, & je fus bien-aise
de faire plaisir à toute sa Compagnie
que j'ay toûjours honorée, & que j'ho-
noreray toûjours.

Comme dans ce temps-là nos Mes-
sieurs (qui n'estoient entrez dans la
Chine qu'en l'année 1684.) n'avoient
pas encore eu le loisir de s'instruire des
ceremonies Chinoises , ni de nous en
informer par leurs Lettres ; ce que le
P. le Tellier en avoit exposé dans son
Ouvrage , me parut , aussi bien qu'à
Monseigneur de Laval pre mier Evêque de la Nouvelle France , & à M.
l'Abbé Courcier , Theologal de l'E-
glise de Paris , écrit avec un air si na-
turel de verité & de moderation , que
je me fis un grand honneur de joindre mon approbation à celles d'un si
saint Prélat , & d'un si habile Theologien ; & de faire connoistre à tout
le monde la joye que j'avois euë de
pouvoir me persuader que la pluspart
des choses qu'on avoit avancées contre
la conduite des Missionnaires Jesuites,

eſtoient ou tout-à-fait fauſſes, ou notablement exagerées.

Mais ayant eſté obligé dans les années ſuivantes, & principalement depuis que cette importante affaire a eſté réveillée à Rome, (où elle eſt à preſent pendante) d'en prendre une connoiſſance exacte par la lecture de tout ce qui a eſté allegué & produit de part & d'autre, je ſuis demeuré convaincu que le jugement que j'avois porté en faveur du Livre dont il eſt queſtion, n'eſtoit appuyé que ſur de mauvais fondemens, & que je ne pouvois me diſpenſer de le reformer par un acte auſſi authentique que mon approbation l'avoit eſté.

Je declare donc dans la ſeule vûë de ſatisfaire à mon devoir, que je me ſuis trompé dans cette Approbation, quand j'ay dit que le P. le Tellier *avoit parfaitem nt démeſlé le faux d'avec le vray, qu'il avoit deſarmé la calomnie,* & prouvé ſolidement la pureté des ſentimens de ſes Peres ſur les ceremonies de la Chine.

Je le ſupplie de ſupprimer mon témoignage dans toutes les Editions de son Ouvrage, afin que desormais il ne se tourne pas en témoignage contre moy-même devant Dieu & devant les hommes. Je ne suis pas assez présomptueux pour croire que la suppression de mon nom puisse faire un grand tort à un livre ; ainsi je me flatte que l'Autheur de la Défense des nouveaux Chrétiens sera assez équitable pour m'accorder aisément la grace que je luy demande. Je luy pardonne de tout mon cœur de m'avoir surpris, parce qu'il pouvoit l'avoir esté le premier ; il me pardonnera de même, si estant détrompé comme je le suis, je ne balance pas à en faire un aveu public.

C'est une réparation que je dois, non seulement aux Vicaires Apostoliques de la Chine, & aux Missionnaires de deux Saints Ordres, à qui sans y penser, j'ay fait beaucoup de peine ; mais encore plus à la Religion & à la verité, que je reconnois avoir blessée contre mon intention, & malgré toutes les mesures que j'avois prises pour ne blesser ni l'une ni l'autre.

Au reste, en faisant icy ce que je fais, je proteste que je n'agis ni par force, ni

par aucun ordre superieur de CORPS,
ni par la sollicitation particuliere de
personne ; mais avec pleine & entiere
liberté, de mon propre mouvement,
& par un pur sentiment d'honneur &
de conscience, sans nul meslange de
passion. En foy de quoy j'ay signé ce
present Acte. A Paris ce 20. Avril
1700.

JACQUE CHARLE DE BRISACIER,
Prestre, Superieur du Seminaire des
Missions Etrangeres,

tions du Paganifme, comme reffentant
au moins la Superftition & l'Idolatrie.

Par là s'introduifoit infenfiblement le
fchifme & la divifion, non feulement
entre les enfans de l'Eglife qui deve-
noient ainfi comme de deux efpeces differentes, & dont les uns faifoint fans
fcrupule ce que les autres rejettoient avec
horreur ; mais auffi entre leurs Predicateurs & leurs Peres qui leur annon-
çoient des doctrines oppofées, & qui
dans l'adminiftration des Sacremens accordoient la grace de l'abfolution, & la
participation de la fainte Table à ceux-
là mêmes, à qui leurs Confreres & leurs
Coadjuteurs en Jesus-Christ
eftoient obligez de la refufer : conduite qui ne pouvoit manquer de produire par-tout un furieux fcandale.

Plufieurs fois le Saint-Siege a efté
confulté fur ces difficultez importan-
tes, & plufieurs fois il a répondu avec
fa fageffe ordinaire à ceux qui le con-
fultoient : mais par un fecond malheur pire en quelque maniere que le
premier, quelques-unes de ces con-
fultations ont été mal faites, & les
faits n'y ont pas efté expofez avec affez

de ſimplicité & de droiture.

Enfin Rome prit le party d'envoyer dans ces Miſſions des Evêques en qualité de Vicaires Apoſtoliques , & la Providence en fit tomber le choix ſur les François. Entre les ordres que le Saint-Siege leur donna , un des principaux fut d'inſtruire à fond de ce qui faiſoit le ſujet ces conteſtations , & (ſelon l'autorité ſacrée qui leur fut confiée ,) d'en déclarer leur ſentiment.

L'un d'entre eux , Docteur de la Maiſon & Societé de Sorbonne, qui avant ſon départ eſtoit regardé dans cette celebre & ſainte Maiſon comme un homme également vertueux & habile , & qui depuis quinze ans qu'il eſt entré dans la Chine s'eſt acquis par la penetration de ſon eſprit & par un travail infatigable une connoiſſance ſi profondes des caracteres , des livres , & des uſages Chinois , qu'il a merité de paſſer parmy les Docteurs mêmes de cette nation, pour un des hommes du monde des plus éclairez , preſſé par les Miſſionnaires de la Province commiſe à ſes ſoins , de ne pas differer

ferer

ferer plus long-temps à leur dire à quoy ils devoient s'en tenir sur le culte de Confucius & des Morts, a fait une Ordonnance qu'il a soumise aux lumieres & à l'autorité du Saint-Siege. C'est ce qui s'examine presentement à Rome, & ce qui donnera lieu à une décision pleine & entiere, où l'on espere trouver la fin des disputes, & la réünion de tous les esprits.

Il s'agit précisement de sçavoir si les ceremonies qui sont établies dans la Chine pour honorer Confucius & les Morts, telles qu'on les va rapporter icy, peuvent compatir dans toutes leurs circonstances avec la sainteté de la Religion Chrétienne.

Le Pape dont la réputation fait tous les jours de plus en plus la joye & l'admiration de l'Eglise, & dont le zele victorieux des nouvelles erreurs en Europe se porte avec une ardeur encore plus vive à vaincre le demon de l'infidelité jusqu'aux extremitez du monde, a bien senti tout le poids de cette grande affaire, quand il a dit qu'elle estoit la plus considerable & la plus importante de son Pontificat ; &

M

il n'y a personne en effet qui n'en voye
d'abord la consequence infinie, puisqu'il
y va tout à la fois de risquer le salut éternel d'une infinité d'ames en laissant la
moitié du monde Chrestien dans l'Idolatrie ; & d'alterer ou d'aneantir tout-à-
fait la pureté de l'Evangile en faisant
une alliance monstreuse entre l'adoration dûe à Jesus-Christ & le culte profane & scandaleux des creatures.

CEREMONIES QUI SE FONT
pour honorer Confucius & les Morts.

ON voit par toute la Chine, auprés
du College de chaque ville, un petit Temple élevé en l'honneur de Confucius. Il y a dans ce Temple un Autel,
& sur cet Autel un grand Tableau où
sont écrits ces mots en gros caracteres
d'or : LE SIEGE, OU LE
TRÔNE DE L'ESPRIT DU TRES-
SAINT ET TRES-EXCELLENT
CONFUCIUS PREMIER MAISTRE.
Chaque année aux deux Equinoxes,
tous les Docteurs & les Lettrez s'as-
semblent dans ce Temple. Le Gouverneur de la ville, ou en son absence, le
Magistrat le plus qualifié, à qui selon les

Loix il appartient de faire la fonction
de Sacrificateur, y paroiſt accompagné
de deux des plus conſiderable d'entre les
Lettrez, qui ſervent comme de Diacre
& de Soudiacre. On y voit auſſi un
Maître de ceremonies, & deux Officiers
inferieurs qui repreſentent nos Aco-
lytes.

Ils doivent tous ſe diſpoſer à cette ceremonie par une abſtinence conjugale,
& par un jeûne de trois jours.

La veille de l'Equinoxe, on prepare
dans une ſale proche du Temple, du ris,
des fruits, & des legumes pour les offrir à Confucius. Ce même jour le Gouverneur de la Ville entre dans le Temple, pour faire le choix des animaux qui
doivent eſtre offerts. Il brûle de l'encens & d'autres parfums, & il verſe
du vin chaud dans les oreilles de ces
animaux. Ceux qui ne ſecoüent pas la
teſte ſont rejettez, & ceux qui la ſecoüent ſont choiſis & deſtinez aux Sacrifices. Le Gouverneur ſe proſterne
profondément devant eux ; on les
tuë auſſi-toſt en ſa preſence ; & aprés
leur mort il leur fait encore de profondes reverences ; on les raſe, & l'on gar-

de leur ſang pour le lendemain qui eſt le jour de l'Equinoxe.

Ce jour-là avant le premier chant du coq, le Gouverneur & tous ſes Miniſtres, avec les autres Docteurs & Lettrez, viennent en pompe reveſtus de leurs plus riches habits dans le Temple, où ils commencent leur ceremonie par l'illumination de l'Autel, & par l'oblation de divers parfums. Le Maiſtre des ceremonies donne le ſignal aux Muſiciens. Pendant qu'ils chantent, le Gouverneur reçoit des mains d'un des Officiers le ſang des animaux. Il l'offre en l'élevant à la hauteur de ſa teſte devant le Tableau de Confucius ; & le Maître des Ceremonies dit en même-tems à haute voix : *On offre le ſang des victimes.* Aprés que cette oblation eſt faite, on va enterrer ce ſang hors de la porte du Temple. Tous ſortent en bon ordre, & rentrent de même ; & chacun ayant repris ſa place, le Maiſtre des ceremonies dit tout haut : *L'eſprit de Confucius eſt deſcendu.*

Auſſi-tôt le Sacrificateur prend une coupe pleine de vin, & la répand ſur une figure en relief qui repreſente Confucius

dont il détache le Tableau & le place
sur l'Autel, en recitant une espece de
priere en forme d'éloge. C'est ainsi que se
termine la premiere partie du Sacrifice.

La seconde commence par des genuflexions que le Maistre des ceremonies
ordonne de faire en disant : *Mettez les
genoux en terre?* Tous fléchissent les genoux, & ne se relevent point que le même n'ait ajoûté: *Levez-vous.* Le Sacrificateur lave ses mains, & reçoit d'un des
Ministres un bassin où l'on a mis des
étoffes de soye & une coupe pleine de
vin. Le Maistre des ceremonies luy dit :
*Sacrificateur, approchez-vous du trône
de Confucius.* La musique recommence,
& le Sacrificateur s'avançant vers le
Tableau, éleve le bassin pour faire à
Confucius l'offrande de ce qui est dedans.

Icy tous les assistans sont avertis de
se prosterner quatre fois la face jusqu'en
terre, pendant que le Sacrificateur brûle
les étoffes & recite une priere à la
loüange de ce grand Legislateur. On
fait de nouvelles reverences jusqu'en
terre, qui sont suivies de l'oblation de
la coupe de vin, où le Sacrificateur

parle à l'esprit de Confucius, comme s'il
estoit present. C'est-là ce qui compose
la seconde partie du Sacrifice.

Dans la derniere, le Maistre des ceremonies dit d'un ton élevé: *Bûvez d'un
vin de prosperité & de félicité.* Alors tous
les Ministres & tous les assistans se prosternent par terre , & le même repetant
ces paroles : *Bûvez un vin de prosperité,*
le Sacrificateur prend la coupe de vin
qu'il a offerte à Confucius , & la boit.
Le Maistre des ceremonies ajoûte, en
continuant de luy adresser la parole :
Prenez les chairs du Sacrifice. Un des
Ministres les luy presente , il les éleve
en haut comme nous avons déja dit , &
en fait l'oblation qu'il accompagne de
deux prieres , dont l'une se termine par
ces paroles remarquables : *Ce que nous
offrons est pur & de bonne odeur. Nous,
pauvres mortels jouïssons de la paix en
faisant ces Sacrifices , & nos esprits sont
dans la joye. Ouy , ces Sacrifices nous
combleront de toute sorte de bonheur.*

Comme ils sont persuadez que l'esprit de Confucius est entré dans le Temple , & qu'il s'est reposé sur le Tableau durant le temps du Sacrifice , ils

croyent aussi qu'après les oblations il
s'en retourne au lieu d'où il estoit venu,
& ils le reconduisent par une priere so-
lemnelle.

On distribuë les chairs des victimes
à toutes les personnes presentes, qui les
mangent avec beaucoup de dévotion,
dans la confiance qu'ils recevront par
là toutes sortes de faveurs. Ils en envoyent même à leurs amis avec cette
inscription : *Sancta caro Confucio obla-
ta* : Chair sainte offerte à Confucius.

A l'égard des honneurs que les Chinois rendent à leurs Ancestres morts,
il seroit inutile & ennuyeux d'en faire
icy la description en détail ; parce que
les choses s'y passent de la même maniere que dans le culte de Confucius :
mêmes ceremonies, mêmes Oblations,
mêmes Sacrifices, mêmes Superstitions.
Toute la difference est que l'on s'assem-
ble dans un Oratoire domestique, ou
dans des Temples qui sont destinez à
cet usage : que c'est le plus considerable
de la famille qui exerce selon les Loix
le ministere de Prestre : que le jour du
Sacrifice est tiré au sort : & que tout se
conclut par un discours du Maistre des

ceremonies , qui promet à tous les aſſi-
ſtans , que leur pieté ne demeurera pas
ſans récompenſe , qu'ils joüiront d'une
longue vie & d'une parfaite ſanté ; &
qu'ils auront enfin une abondante &
heureuſe poſterité.

On atteſte icy , non la Foy , la Religion , ni le zele des Paſteurs de l'Egliſe
& de tous les hommes Apoſtoliques , il
n'en faut pas tant ; mais la ſimple lumiere des fidelles, & pour ainſi dire, le ſens
commun des Chreſtiens, ſi l'on peut al-
lier avec la connoiſſance & le culte du
vray Dieu de pareilles ceremonies.
Qu'appellera-t-on eſtre Idolâtre & ſu-
perſtitieux, ſi ceux qui offrent ces Sacrifices, ou qui y participent ne le ſont pas?

Avoüons-le , il paroiſt d'abord incroyable qu'on ait pû porter la condeſcendance & le relâchement juſques-là.
Si c'eſt un zele, il n'eſt pas aſſeurément
ſelon la ſcience ni ſelon la ſageſſe de l'Eſprit de Dieu. Saint Paul en avoit un bien
different de celuy-là , quand il ne pouvoit ſouffrir que le Prince des Apoſtres
continuaſt à obſerver ou à tolerer un peu
plus long-temps qu'il ne falloit les ceremonies Judaïques : ceremonies d'ail-

leurs inſtituées de Dieu, deſtinées à honorer le ſouverain Eſtre, gardées religieuſement durant tant de ſiecles par la nation ſainte ; mais qui n'eſtoient plus de ſaiſon depuis que la lumiere de l'Evangile avoit paru, & que la Loy de grace plus ſpirituelle & plus parfaite eſtoit deſcenduë ſur la terre avec le Saint-Eſprit même. *Je le repris*, dit ſaint Paul, *de ce qu'il judaïſoit encore, parce qu'en cela il eſtoit reprehenſible :* & ſaint Pierre tout ſuperieur & tout chef de l'Egliſe qu'il eſtoit, eut l'humilité de le ſouffrir, & de ſe rendre à la verité.

Galat. ch. 2. v. 11.

ORDONNANCE DE M.
Maigrot, Docteur de la Maiſon & Societé de Sorbonne, Vicaire Apoſtolique de la Province de Fokien dans la Chine, nommé à l'Evêché de Conon.

CHARLES MAIGROT, *Preſtre, Vicaire Apoſtolique de Fokien, Docteur en Theologie de la Faculté de Paris, de la Maiſon & Societé de Sorbonne ; A tous ceux qui comme nous ſont honorez du Sacerdoce dans noſtre Vicariat, Salut en celuy qui eſt le veritable* SALUT *de tous* les hommes. Depuis que par la grace de Dieu nous sommes entrez dans l'Empire de la Chine nous avons toûjours esté persuadez que le principal soin des Vicaires Apostoliques estoit de s'appliquer à terminer, s'il se pouvoit, les differens qui partagent depuis long-temps sur diverses Questions les Ouvriers Evangeliques, ou du moins de leur donner quelque reglement qu'ils pussent tous également observer, jusqu'à ce que le Saint Siege eust rendu sur ces difficultez un jugement définitif: car il ne se peut faire, sans que ces Eglises naissantes en souffrent un trés-grand préjudice comme nous l'avons remarqué souvent avec une extrême douleur, que les Ministres de l'Evangile ne soient pas d'accord entr'eux sur ce qui regarde le culte de Dieu & l'extirpation de l'Idolatrie, ensorte que les uns croyent qu'on ne puisse pratiquer, sans se rendre Idolâtre, ce que les autres non seulement permettent aux Chrestiens de faire; mais à quoy même ils les exhortent. Et ce qui est encore plus surprenant, il se trouve des Ouvriers, qui condamnant comme superstitieux de certains usages; ne laissent pas quelquefois de les souffrir sous pretexte du bien de la paix; d'où il arrive que le mal jettant peu

à peu de profondes racines, croît de jour
en jour, ainſi que nous l'avons reconnu
avec amertume par une longue experience.

La plûpart des Miſſionnaires de noſtre
Vicariat ayant auſſi un tres-grand deſir
de voir ceſſer cette contrarieté d'opinions
& cette diverſité de pratiques, ont eu recours à l'autorité dont nous ſommes revê-
tus, quoique très-indigne ; & ne ſe contentant pas de nous demander noſtre ſentiment, ils nous ont preſſé pluſieurs fois, pour
ſe délivrer des embarras & des ſcrupules
continuels de leur conſcience, de ſtatuer, du
moins par proviſion, quelque choſe qui pût
leur ſervir de regle. Mais l'importance de
cette affaire ne nous a pas permis de les
contenter auſſi-tôt qu'ils le deſiroient: Car
quoique nous nous appliquaſſions à l'étude
à l'intelligence de ces Queſtions dès le
temps que feu M. l'Evêque d'Heliopolis
Vicaire Apoſtolique, Adminiſtrateur general des Miſſions d'Orient, nous fit ſon
Provicaire & Proadminiſtrateur : cependant depuis que le Saint Siege nous a fait
l'honneur de nous choiſir pour Vicaire
Apoſtolique, nous avons crû y devoir travailler avec une ardeur & une application toute nouvelle : en quoy nous pouvons
aſſurer avec certitude, que nous n'avons

rien omis volontairement pour connoiſtre à
fond la verité, ſoit par l'examen exact des
originaux de la Chine, ſoit par la lecture
de tous les Commentaires que nous avons
pû ramaſſer, compoſez dans les Langues
d'Europe, ou enfin par les Conferences ſo-
lides que nous avons euës avec les plus ſça-
vans hommes ; & ce qui eſtoit encore plus
important & plus neceſſaire, nous avons
demandé à Dieu par des prieres continuelles & par le ſaint Sacrifice que nous luy
offrons tous les jours, la grace d'éclairer
nos tenebres, & de diriger nos pas pour
nous faire prendre le party qui ſeroit conforme à la verité & agreable a ſes yeux.

Puiſqu'il eſt donc marqué dans les Con-
ſtitutions & dans les Decrets du Saint Siege, qu'un des devoirs des Vicaires Apoſtoliques, eſt de pourvoir dans l'étenduë de
leurs Vicariats à ce qui regarde le culte de
Dieu & la pureté des mœurs, pour ne pas
manquer ſur cela à nos obligations, Nous
ordonnons à tous les Miſſionnaires de nôtre
Vicariat en general, & à chacun d'eux
en particulier, d'obſerver tous les points
ſuivans, juſqu'à ce qu'il y ſoit autrement
pourvû par le Saint Siege.

Premierement, Nous ordonnons que

puisque les termes dont on se sert en Eu-
rope pour exprimer le nom de Dieu, lors-
qu'on les écrivoit ou qu'on les prononçoit
en Chinois, auroient toûjours je ne sçay
quoy de barbare; on se servira pour signi-
fier Dieu, du mot Chinois Tien chû,
qui est depuis long-temps reçû par l'usa-
ge, & *qui veut dire,* Le Seigneur du
Ciel; *Ensorte que ces deux autres ter-*
mes Chinois Tien, *c'est-à-dire, le ciel &*
Xamty, *le souverain Empereur, soient*
tout-à-fait rejettez; *& qu'il soit encore*
moins permis de dire que ce que les Chi-
nois entendent par ces deux mots Tien
& Xangty, *soit le Dieu que nous au-*
tres Chrétiens adorons.

En second lieu, Nous défendons ex-
pressément d'exposer dans aucune Eglise
un certain Tableau où sont écrits ces
mots Chinois King Tien, Cælum colito: *Adorez le ciel, & nous enjoi-*
gnons de les oster dans deux mois de
tous les lieux où ils seront exposez, aussi-
bien que tous les autres Tableaux & les
Vers qui auroient le même sens, & où
les termes de Tien *&* Xangty *seroient*
employez pour exprimer Dieu: parce que
nous sommes persuadez que ces Tableaux,

N

& sur tout celuy qui contient ces deux mots, King Tien, ne peuvent estre excusez d'Idolatrie. Mais quand la chose ne seroit pas aussi certaine qu'elle nous le paroist, le soupçon du danger où se mettroient les Ouvriers Evangeliques de placer l'abomination de la desolation dans le lieu saint, nous doit détourner de l'usage de ces Tableaux, d'autant plus que l'experience nous apprend que les Missionnaires de nostre Vicariat qui n'en souffrent point dans leurs Eglises, n'en sont pas moins propres que les autres à prêcher l'Evangile, & ne retirent pas moins de fruit de leurs travaux.

Troisiémement, Nous declarons que l'exposition qui a esté faite autrefois au Pape Alexandre VII. sur les points controversez entre les Ouvriers de cette Mission, ne dit pas la verité en plusieurs choses, & qu'ainsi les Missionnaires pour permettre le culte qui est en usage dans la Chine à l'égard de Confucius & des Morts, ne peuvent pas se prévaloir des réponses que le Saint Siege a faites, quoiqu'elles ayent esté renduës trés-sagement & conformément aux circonstances exprimées dans les doutes proposez.

En quatriéme lieu, Nous défendons que

les Missionnaires, pour quelque cause &
en quelque maniere que ce soit, permettent aux Chrétiens de faire la fonction de
Sacrificateur, d'exercer aucun ministére
ou même de se trouver dans les Sacrifices
ou Oblations solemnelles qu'on a coûtume
d'offrir deux fois l'année à Confucius &
aux Ancestres morts, lesquelles nous declarons superstitieuses.

Cinquiémement, Nous loüons extrême-
ment les Missionnaires, qui dans les lieux
où ils prêchent l'Evangile ont eu le zele
d'abolir l'usage des Tableaux exposez
dans les maisons particulieres en l'honneur des Morts, & nous les exhortons à
continuer d'en user de même à l'avenir. Et
dans les lieux où il seroit trop difficile d'ô-
ter cet usage, Nous voulons qu'on prenne
du moins ce temperament; d'oster les caracteres King chu, & King Goëy, &
Ling Goëy, & de se contenter d'écrire
dans le Tableau le nom du Mort, & que
tout au plus on y ajoûte la lettre Goëy.
De crainte cependant qu'on ne prenne
d'une maniere superstitieuse ce Tableau
que nous ne condamnons pas tout-à-fait,
quand il sera mis dans la forme que nous
venons de dire, jusqu'à ce que le Saint

Siege en ait porté son jugement, Nous ordonnons que dans l'endroit des maisons
particulieres où ces Tableaux, sont ordinairement exposez, on mette aussi en gros
caracteres une declaration qui marque
quelle est la creance des Chrestiens sur les
Morts, & quelle doit estre la picté des
enfans envers ceux qui leur ont donné la
vie. Nous avons mis la forme de cette declaration à la fin de cette presente Ordonnance ; & neanmoins nous ne défendons
pas d'en faire quelqu'autre, pourvû qu'elle ait le même sens, & qu'elle ait esté auparavant approuvée de Nous.

En sixiéme lieu, ayant remarqué qu'on
publie de vive voix & par écrit de certaines choses qui induisent les simples en erreur, & qui leur ouvrent le chemin à la
Superstition, comme par exemple : Que la
Philosophie dont les Chinois font profession, si on l'entend bien, n'a rien de
contraire à la Loy Chrestienne.

Que par l'expression Tay-Kié, les plus
sages des Anciens ont voulu définir Dieu,
Cause premiere de toutes choses.

Que le culte que Confucius a rendu
aux Esprits a esté plutost un culte politique que religieux.

Que le Livre que les Chinois appellent

Ye-King, est un abregé ou une Somme d'une excellente doctrine sur la Physique & sur la Morale.

Toutes lesquelles propositions & autres semblables, nous défendons expressément de publier dans tout nôtre Vicariat, comme estant fausses, témeraires & scandaleuses.

Septiémement, Nous recommandons aux Missionnaires de prendre bien garde qu'aucun des Maistres Chrestiens, qui lisent & expliquent les Livres Chinois dans les Ecoles, n'inspirent à ceux qui vont les écouter, l'Atheisme & les diverses Superstitions dont ces Livres, tant dans le texte que dans leurs commentaires, sont remplis, & de les avertir de refuter les erreurs à mesure qu'ils en rencontreront ; prenant de là occasion d'enseigner avec soin à leurs disciples ce que la Religion Chrestienne nous apprend de Dieu, de la creation, & du gouvernement du monde: comme aussi de les faire souvent ressouvenir de ne rien mesler dans leurs écrits, ainsi qu'il arrive aisément de ce qui est tiré des principes de l'Ecole des Lettrez, qui soit contraire à la Loy Chrestienne.

Il y a encore d'autres Questions que

nous ne touchons pas à present, parce
qu'ayant pourvû aux points dont nous venons de parler, qui sont les plus importans,
& d'où la plûpart des autres dependent, il
sera plus facile de prescrire quel party l'on
doit prendre dans ce qui reste, & comment
on s'y doit comporter.

Si quelqu'un sans avoir égard à la presente Declaration & Ordonnance, (ce que
nous prions Dieu de ne pas permettre)
n'ostoit pas de ses Eglises, ou des maisons
dans deux mois les Tableaux & les Vers
dont nous avons fait mention, ou que dans
le même espace de temps il ne travaillast
pas à mettre en pratique, & à faire passer
en coûtume les Regles que nous prescri-
vons, nous revoquons par ces Presentes les
pouvoirs qu'il a reçus de nous ou de quelque autre Vicaire & Provicaire Apostolique que ce puisse estre, & nous declarons
que dés-à-present ils sont revoquez, aussi-
tost que le temps que nous avons marqué
sera expiré.

Nous ne pretendons pas neanmoins par
cette Ordonnance blâmer ceux qui ont
eu jusqu'icy d'autres sentimens, & qui ont
suivi un autre usage que celuy que nous
ordonnons de suivre desormais ; car il ne
doit pas paroistre étrange que dans ces

sortes de choses, tous les Missionnaires n'ayent pas esté de même avis, & que chacun ait embrassé la pratique qui luy paroissoit selon Dieu la plus conforme a la verité.

L'importance est qu'à l'avenir nous reünissions tous nos soins & toute nostre application à suivre les mêmes sentimens; afin que n'ayant tous qu'un même esprit & qu'un même langage, nous rendi:ns cette Eglise exempte de toute tache & de toute ride, ensorte qu'elle soit sainte & immaculée, & le Dieu de paix & de charité sera avec nous.

DONNE' *dans la ville de* Chang Lo *de la Province de* Fokien, *le vingt-sixiéme jour de Mars de l'année* 1693. CHARLES MAIGROT, Prestre, Vicaire Apostolique de la Province de Fokien.

De tous les chefs considerables qui sont renfermez dans cette Ordonnance, on ne parle icy que de celuy qui condamne le culte de Confucius & des Morts, parce que c'est l'article le plus contesté, & le plus odieux aux protecteurs des ceremonies Chinoises; le plus vivement attaqué par eux, & en soy le plus important. On dira bien-tost, s'il le faut, ce que l'on

doit penſer des autres, & avec combien
de juſtice les Vicaires Apoſtoliques ſe
ſont enfin déterminez à les publier.

Mais ſi dans cette occaſion ils ont fait
paroiſtre du zele, il eſt certain qu'ils n'y
ont pas moins témoigné de ſageſſe & de
charité. Leur Ordonnance le marque aſſez. Si l'on ne craignoit pas d'augmen-
ter la peine de ceux qu'elle ne chagrine
déja que trop, on diroit que les plus
grands Prélats de l'Europe l'ont trouvée
également remplie de prudence & de
pieté, & l'ont jugée digne des premiers
ſiecles de l'Egliſe. Il eſt viſible qu'elle
montre partout une parfaite moderation;
elle n'attaque perſonne ; elle ne nomme
perſonne: elle excuſe au contraire & juſ-
tifie autant qu'elle peut ceux qui ſont
dans des opinions contraires, en rejettant
le malheur qu'ils ont eu de prendre une
fauſſe voye, ſur l'obſcurité profonde où
toutes choſes eſtoient au commencement; ſur la difficulté de démeſler la verité , & ſur la liberté même où eſt naturellement tout homme de ſuivre les
mouvemens de ſa conſcience , lorſqu'il
n'y a rien de décidé.

Ils ſoumettent cette Ordonnance à la
déciſion du Saint-Siege & par le ſenti-

ment d'un respect sincere ils l'envoyent
à Rome, en assûrant le Vicaire de JESUS-
CHRIST, qu'ils attendent de sa bouche sacrée la regle inviolable qu'ils doivent suivre ; prests à changer de sentiment & de conduire dès qu'il aura pro-
noncé. Il ne s'agissoit là ni de contestation ni de procés, & on n'en vouloit à
personne. Il n'y avoit qu'à laisser regler
à petit bruit par celuy qui a entre les
mains la plénitude de la puissance, ce
que les Evêques de la Chine devoient
penser & devoient faire sur les points
marquez dans l'Ordonnance. A peine le
reste du monde en auroit-il entendu
parler.

Les défenseurs des anciens usages sont
venus d'eux-mêmes se jetter à la traver-
se, & ont poussé des cris jusqu'au ciel,
comme si on eust voulu les accabler. Ils
ont fait un procès dans les formes de ce
qui n'en estoit point, sans prendre garde que c'estoit, pour ainsi dire, contre
la Religion qu'ils alloient plaider, plu-
tôst que contre les Vicaires Apostoliques, qui s'abandonnoient comme des
enfans simples à la volonté de leur Pere.

Et si ces illustres défenseurs avoient eu
quelque démarche à faire dans cette con-

jonĉture, ne devoit-ce pas eſtre bien plûtoſt pour ſe joindre aux Evêques leurs
Superieurs, & pour aller de concert
avec eux demander à Rome une déciſion
& une regle paiſible ? A le bien prendre, tous les Ouvriers Evangeliques,
quelque difference qu'il y ait entre eux,
ne ſont-ils pas également intereſſez à
ne pas faire des Idolâtres au lieu de
Chreſtiens ?

Mais Dieu a permis qu'ils ayent beaucoup écrit & beaucoup parlé, juſqu'à
ſurcharger la Cour Romaine de leurs
libelles & de leurs ſollicitations ; afin
que quand l'affaire ſeroit une fois ter-
minée, ils n'euſſent plus aucun pretexte
de rebroüiller ; & qu'ils ne puſſent pas
venir dire dans la ſuite des temps, que
la choſe auroit eſté reglée ſans eux: grief
qui ſelon l'eſtat où ils ſont aujourd'huy
dans l'Egliſe, ne leur paroiſtroit pas peu
conſiderable.

Mais dans l'impoſſibilité où ils ſe
trouvent de ſouſtenir plus long-temps
une ſi mauvaiſe cauſe, il ne leur peut
reſter qu'un de ces trois partis à prendre.

Le premier, d'imiter le Prince des
Apoſtres (c'eſt un exemple aſſez illu-
ſtre pour n'avoir pas de honte de le ſui-

vre) en reconnoiſſant humblement qu'-
ils ſe ſont trompez , qu'ils ont porté la
charité & la condeſcendance au-delà des
bornes ; & en ſe ſoumettant par avance
à la déciſion du Saint-Siege. Ce party
ſeroit ſans doute le plus ſeur , le plus
utile , le plus édifiant, & en un ſens le
plus honorable.

Le ſecond , c'eſt de nier que les faits
ſoient certains , & que de la maniere
qu'on les vient de rapporter , ils ſoient
fidellement expoſez.

S'ils les nient dans les converſations &
dans les maiſons particulieres , ils n'auront pas apparemment la hardieſſe de les
nier juridiquement , & en public , du
moins dans tous les écrits qu'ils produi-
ſent depuis trois ans à Rome , ils ne
l'ont pas fait, & ils les ſuppoſent comme inconteſtables.

Ils le ſont en effet, & averez par autant de témoins qu'il y a de millions
d'hommes dans la Chine : & demander
là s'il y a des Temples élevez en l'honneur de Confucius , & ſi regulierement
pluſieurs fois l'année on luy immole des
animaux avec toutes les circonſtances
que nous avons rapportées, c'eſt demander au milieu de Rome s'il ſe fait des aſ-
ſemblées de Cardinaux qu'on nomme

Congregations ; ou au milieu de Paris
s'il y a une Maison & une Societé de
Docteurs qui s'appelle Sorbonne.

De plus, on a entre les mains le Rituel
Chinois en quatre volumes, où ces ceremonies sont décrites mot pour mot : &
on sçait que de tous les peuples qui sont
sous le ciel, nuls ne sont plus fidelles,
ni plus invariables observateurs de leurs
Loix que les Chinois.

Mais sans en venir à cette discussion,
que ceux qui se sentent blessez de l'Ordonnance des Vicaires Apostoliques,
condamnent avec eux cet exposé, & pro-
mettent de bonne foy de reporter à leurs
Chrestiens dans la Chine, & l'exposé
& la condamnation qu'ils en auront
faite, & on les en quitte.

Le troisiéme parti auquel ils peuvent
avoir recours, c'est de dire qu'ils ne permettent point à leurs Chrestiens d'assister à ces sortes de ceremonies, ou d'y
assister entierement ; ou que s'ils le souffrent, ce n'est qu'à condition que les
Chrestiens feront de certaines protesta-
tions par où ils se sauveront de ce qu'il
y auroit de mauvais ; ou qu'enfin ils
ne leur laissent ces restes malheureux

du

du Paganifme que par égard pour la
dureté de leur cœur : *Ad duritiam
cordis*, dans la vûë d'applanir & faciliter aux Mandarins & aux Grands
de l'Empire les voyes de l'Evangile, &
dans l'efperance de retrancher peu à
peu & par degrez ces ufages de la Gen-
tilité jufqu'à ce qu'on foit en eftat de
les abolir & de les effacer tout-à-fait.

Il n'eft que trop vray & trop public
dans la Chine, que les Chreftiens fe
trouvent indifferemment avec les Idolâtres à ces ceremonies profanes ;
qu'on ne leur en fait point un crime,
& qu'au fortir de là on les admet fans
façon, comme les autres, aux facrez
Myfteres.

Il ne ferviroit à rien de vouloir qu'ils
n'y affiftaffent qu'à moitié : car outre
que tout en eft prefque également
mauvais, ils ne pourroient pas long-
temps ufer de fineffe pour s'abfenter.
Ils feroient bien toft remarquez, &
on les condamneroit aux peines portées par les Loix contre ceux qui manquent à leur devoir, qui eft precifé-
ment ce que l'on veut éviter.

Si c'eft un Gouverneur de Province
qui foit Chreftien, ou un Magiftrat du

O

nombre de ceux qui doivent faire l'office de Sacrificateurs, ou accompagner
le Sacrificateur à l'Autel, que fera-t-il?
Suffira-t-il qu'il vienne à moitié?

Ces pretenduës proteſtations, par où
les Chrétiens declareroient qu'ils ne
conſentent point à ce qu'il y auroit de
criminel dans ces Sacrifices, ne ſont
pas une meilleure évaſion pour les pre-
ſerver du mal : car ſans compter qu'ils
auroient autant & plus de peine à les
faire, qu'à s'abſenter tout-à-fait, elles
ne ſont bonnes que quand il eſt queſtion de choſes de ſoy indifferentes, &
qui deviennent ſeulement mauvaiſes
par le mauvais ſens que les Payens y
donnent, ou par la fin illegitime à laquelle ils les rapportent : car alors on
peut proteſter avant que de s'y engager, qu'on ne les prend que dans un
ſens juſte & permis, ſelon lequel on
eſt en droit de les faire. Mais quel tour
favorable peut-on donner à des animaux immolez & offerts aux génies de
Confucius & des Morts, que l'on croit
preſens, & de qui l'on attend des graces? Eſt-il libre de s'imaginer qu'il y
ait rien là d'indifferent, ou qui puiſſe
eſtre juſtifié?

Quand au deſſein qu'on auroit de tolerer ces ceremonies profanes, pour toutes les bonnes intentions que la charité ingenieuſe peut ſe propoſer, ce deſſein ne ſçauroit eſtre loüable qu'en demeurant dans les bornes d'une tolerance permiſe, & il n'en eſt point de telle qui aille à autoriſer ce qui eſt eſſentiellement mauvais.

Il y a une tolerance de patience, & une tolerance d'approbation : la tolerance de patience ſe contente de laiſſer l'yvraye avec le bon grain ſans ſe preſſer de la déraciner : d'attendre la converſion des pecheurs, juſqu'à ce que leur cœur devienne ſenſible à la grace : de gemir ſur le mal qu'elle déteſte juſqu'à ce qu'il plaiſe à Dieu d'y apporter le remede : mais durant ce temps-là elle continuë toûjours à regarder les pecheurs comme pecheurs, & à ne les traiter jamais comme juſtes.

La tolerance d'approbation paſſe plus loin ; Elle voit faire le mal ſans en avertir, ſans le reprendre, ſans le condamner : au contraire elle l'entretient, elle le diſſimule, elle trouve des raiſons pour le juſtifier : elle met des couſſins ſous les coudes, & contribuant à en-

dormir les hommes dans une fausse
paix, elle les conduit insensiblement à
la mort. Telle est celle dont on use
envers les Chrétiens Chinois, lorsque
convaincus de participer au culte de
Confucius, on les reçoit aux Sacremens.

Si cette conduite revolte la raison
Chrestienne, qu'on la condamne una-
nimement, de bonne foy, sans restric-
tion : la cause est finie.

C'est en vain que les défenseurs de
ces pratiques superstitieuses preten-
dtoient éluder le jugement qu'ils apprehendent, en disant que les choses ont
déja esté reglées par un Decret du
Saint-Office sous Alexandre V I I. en
1656. Qu'ils le produisent ce Decret, si
leur prudence ne s'y oppose pas. On y
verra manifestement qu'il n'y est pas
dit un mot des honneurs rendus à
Confucius dans les occasions solemnelles que nous avons rapportées ; &
qu'à l'égard de ceux que l'on rend aux
Morts, on a passé sous silence qu'on y
immoloit avec pompe des animaux :
qu'on les choisissoit par sort : qu'on
prenoit soin d'en enterrer en ceremonie le sang hors de l'Oratoire domesti-

que : qu'on se preparoit à cette ceremonie par le jeûne & par la continence conjugale durant trois jours : qu'on
répandoit du vin sur la figure de celuy
qu'on honoroit : qu'on recitoit des
prieres , qu'on attendoit des graces
pour fruit de cette action de Religion:
& qu'enfin on y faisoit plusieurs choses
qui pouvoient estre superstitieuses, que
le Decret même suppose en avoir esté
retranchées : *Sublatis tamen superstitio-*
sis , ce qui est positivement opposé à
la maniere dont tout s'y passe, & ce qui
montre combien les Vicaires Apostoliques ont eu raison de dire que l'exposition faite sous Alexandre VII. n'a pas
esté assez sincere.

On sera bien plus étonné de la liberté que ces défenseurs se donnent de
remplir le monde d'une plainte aussi
frivole , & aussi injuste que celle de dire par tout, qu'on va réveiller mal à
propos une affaire déja decidée en leur
faveur, quand on sçaura que dès l'année 1645. sous Innocent X. il y a un autre Decret authentique qui condamne toutes ces ceremonies payennes. La
lecture en est si decisive pour la bonne
cause, qu'on juge à propos de le rap-

porter icy tout entier. On en sentira
d'autant plus la force, qu'on y remar-
quera que les faits bien loin d'y estre
exagerez, y sont adoucis, & que les
inconveniens que l'on pourroit craindre de la fermeté des Ouvriers, bien
loin d'y estre affoiblis, y sont mis dans
tout leur jour.

DECRET DE LA SACREE'
Congregation de la propagation de
la Foy, confirmé par le Pape Inno-
nocent X. en 1645.

LEs Chinois reconnoissent pour Docteur & pour Maistre un certain
homme mort depuis long-temps, tres-habile dans la Philosophie morale, qu'ils
appellent Confucius, & qui est si estimé
dans tout le Royaume pour sa doctrine, &
pour les Regles & les instructions qu'il
leur a laissées, que les Rois aussi-bien que
les sujets de quelque condition & de quelque rang qu'ils soient, se le proposent comme un modelle à imiter & à suivre, du
moins en speculation, & le loüent & le
respectent comme un Saint.

Ce Maistre a dans chaque ville des
Temples bâtis en son honneur. Les Gou-

uerneurs sont obligez deux fois par an de
luy offrir un Sacrifice solemnel, faisant eux-
mêmes la fonction de Prestres, ce qu'ils
observent encore sans solemnité deux fois
par mois durant le cours de l'année. Quelques-uns d'entre les Lettrez l'accompagnent, pour luy fournir les choses qui sont
offertes dans ce Sacrifice, & qui sont un
porc entier mort, une chevre entiere, des
cierges, du vin, des fleurs, des parfums.

De plus tous les Lettrez, quand ils
prennent quelque Degré, doivent entrer
dans le même Temple, y faire des genuflexions, & offrir devant son Autel des
cierges & des parfums.

Tout ce culte, ce Sacrifice, & ce respect,
selon l'intention précise de tous ces peuples,
se rapporte à rendre graces à Confucius
pour les bonnes maximes qu'il leur a laif-
sées dans sa doctrine, & à obtenir de luy
par ses merites l'avantage d'avoir un bon
esprit, de l'intelligence & de la sagesse.

On demande si les Gouverneurs qui
sont Chrestiens & les Lettrez, estant
invitez à venir à ce Temple, & contraints de s'y trouver, y peuvent entrer,
faire ce Sacrifice, ou y assister, ou y faire des genuflexions, ou prendre quelque
chose des Idolotytes & de ce qui a esté

offert , ſur-tout ces Infidelles croyant que quiconque en mange , fera un grand progrès dans les Lettres & dans les Degrez. On demande auſſi s'il leur eſt permis de faire toutes ces choſes , pourvû qu'ils portent une croix dans leur main de la maniere qu'on la rapporté dans le doute precedent. Et la raiſon de douter eſt , parce que ſi cela leur eſt défendu , il arrivera du trouble parmy le peuple, les Miniſtres de l'Evangile ſeront exilez , la converſion des ames ſera arreſtée , & tout-à-fait aneantie.

La Sacrée Congregation a eſté d'avis que cela n'étoit point permis , & qu'on ne le doit ſouffrir aux Chreſtiens ſous aucun des pretextes contenus dans le doute propoſé.

Et afin qu'on ne cruſt pas que ce Decret euſt ſouffert aucune atteinte par la réponſe renduë en 1659. La Sacrée Congregation du Saint Office l'a confirmé en 1669. par un Decret nouveau qui lui laiſſe toute ſon autorité & toute ſa force.

Il paroiſtroit par là que l'affaire ſeroit déja decidée en faveur des Vicaires Apoſtoliques , & qu'ils n'auroient

plus rien à souhaitter. Il est vray que
ces deux Decrets autorisent parfaite-
ment le sentiment qu'ils ont embrassé,
& qu'à cet égard ils doivent estre contens. Mais par malheur une decision
si claire & si forte n'est pas suivie. Ceux
qui s'en sont trouvé embarassez ont
sçû l'éluder ; on aura peine à le croire :
mais il est pourtant vray qu'ils se servent du Decet de 1656. pour aneantir
les deux autres, & qu'ils en sont aujour-
d'huy à pretendre que dans la Chine
ce seul Decret doit estre la regle uni-
verselle qu'il faut suivre. Il a beau estre
rendu sur un exposé peu fidelle, il n'en
a pas selon eux moins de force, & de
ce qu'il permet de certaines ceremonies mal expliquées, & qui ne subsis-
rent point en l'estat qu'on les rapporte,
ils en inferent sans hesiter, que les ceremonies superstitieuses & idolatriques, qui subsistent veritablement,
sont aussi permises.

Les Vicaires Apostoliques demandent donc instamment qu'on retran-
che ce scandale ; que l'Ordonnance
qu'ils ont publiée dans les lieux de leur
jurisdiction , estant conforme aux
Constitutions & aux Decrets du Saint-

Siege, ſoit à l'avenir inviolablement
gardée par tous les Ouvriers Evangeliques, & qu'il ſoit défendu aux Chrêtiens, ſous quelque pretexe que ce
puiſſe eſtre, de participer deſormais
aux Sacrifices qui ſont offerts à Confucius & aux Morts.

Car enfin quelle idée les Protecteurs
de Confucius veulent-ils qu'on ait de
luy ? Eſt ce un Dieu ? Eſt-ce au moins
un de ces Heros, ou Demi-dieux ou
Genies, ou Eſprits tutelaires que tout
le Paganiſme a reconnus, & que le
Chriſtianiſme a chaſſez ? Eſt - ce un
Saint dont on puiſſe mettre l'image
dans nos Egliſes au rang de celles des
ſaints Apoſtres & des ſaints Martyrs ?
Et pour pouſſer la choſe juſqu'où elle
peut aller, doit-on ſouffrir que les Chinois, déja trop prevenus en faveur de
tout ce qui eſt de leur nation, continuent à regarder ce ſage payen, qui
après tout eſt mort dans les tenebres
de l'Idolatrie, comme un eſprit ſi pur,
ſi excellent & ſi parfait, que ſa Morale merite d'eſtre miſe en paralelle avec
celle de l'Evangile ? Ne doit-il pas ſe
retirer pour faire place à Jesus-Christ;
& n'eſt-ce pas à luy que la parole de

saint Jean convient plus qu'à saint Jean
même: Il faut que JESUS-CHRIST croif-
fe, & que je fois diminué : *Illum opor-
tet crefcere, me autem minui ?*

Qu'on le louë de fa fageffe naturelle,
de la droiture de fa raifon, de la conformité même que fa doctrine peut
avoir en plufieurs endroits avec la
doctrine Evangelique, ce genre de
loüange pourra paroiftre tolerable :
mais qu'on fe garde bien de fouffrir jamais que par une veneration exceffive
les Chinois, après eftre convertis à la
foy, confervent encore une fi haute
opinion de luy, que celle qu'ils ont
du veritable & unique Legiflateur en
foit affoiblie : & qu'au contraire on
leur faffe entendre fouvent cet Oracle
de l'Evangile : Vous n'avez qu'un feul
Maiftre qui eft JESUS-CHRIST, *Unus eft
Magifter vefter Chriftus.*

Au refte les défenfeurs du culte rendu à Confucius & aux Morts fe donnent une peine bien inutile quand ils
repandent dans le monde des juftifica-
tions frivoles, & qui fe détruifent d'elles-mêmes. L'iniquité des Sacrifices
eft manifefte, la liberté qu'ils donnent
aux Chreftiens d'y affifter eft criante,

la verité des faits eſt averée : ils voudroient aujourd'huy qu'on en doutât,
il n'eſt plus temps, ils ont trop écrit
pour les ſouſtenir contre ceux qui les
attaquoient.

A quoy bon faire tant de volumes,
s'il eſt vray qu'ils condamnent comme
les Vicaires Apoſtoliques, les honneurs
qui ſe rendent à Confucius & aux
Morts, & s'ils refuſent comme eux aux
Chrétiens la permiſſion d'y aſſiſter?
Croira-t-on qu'ils ſoient gens à donner des coups en l'air & à combatre
contre un phantôme?

Mais ils remuent encore d'autres
reſſorts bien plus vifs & bien plus forts.
On ſçait ce qu'ils peuvent dans le
monde, & on ſçait auſſi avec quelle
habileté & quelle force ils ſçavent uſer
du pouvoir qui leur eſt donné. Comme ils s'apperçoivent aſſez qu'en laiſ-
ſant cette affaire dans ſon cours natu-
rel, ils n'y trouveroient pas leur compte, ils mettent tout en œuvre pour la
tirer en longueur & pour faire qu'elle
demeure indeciſe. La Cour de Rome
eſt juſte, mais le ſaint Pape n'eſt pas
immortel, & ils croieroient avoir tout
gagné, s'ils pouvoiẽt replôger des faits

ſi bien

si bien éclaircis dans un Labyrinthe d'intrigues & d'obscuritez.

On ne peut donc s'empêcher en finissant cet écrit , de conjurer instamment ceux qui ont entre les mains le sacré depost de la Doctrine,de faire éclater leur zele , en conservant dans toute son integrité ce dépost precieux ; & on exhorte en même temps les gens de bien , qui sont répandus & cachez dans l'Eglise, à s'interesser en secret par leurs prieres, pour la gloire de celuy qui merite seul d'être adoré , & pour le bien des ames qui ne peuvent se sauver que dans une foy pure , & dans une observance exacte de la loy Evangelique.

ADDITION
A LA LETTRE

AU PAPE

SUR LES IDOLATRIES

ET LES SUPERSTITIONS CHINOISES.

IL eût été à souhaiter que tous ceux qui ont lû la Lettre que nous avons écrite au Pape sur les Idolatries & sur les Superstitions de la Chine, eussent pris la peine de lire auparavant les autres Pieces imprimées sur le même sujet ; c'est-à-dire *le Livre du Pere le Tellier, les Memoires du Pere le Comte, le Livre du Pere le Gobien, celuy du Pere Bouvet, le premier & le second Tome du Livre intitulé*, His*toria cultus Sinensium, l'Apologie des Dominicains, la Conformité des Ceremonies Chinoises avec l'Idolatrie Grecque & Romaine, la Lettre* ad Virum nobilem *en Latin & en François, la Lettre à M. le Duc du Maine, & la réponse* qui y fut faite par un Docteur Dominicain quelques jours avant que nôtre Lettre parût. Cette lecture auroit jetté une grande lumiere sur ce que nous avons dit: on auroit vû par là, que dans ce qui se passe en France il s'en faut beaucoup que nous n'ayons été les aggresseurs, & on auroit été persuadé, comme l'ont été les personnes les plus capables d'en bien juger, que les expressions fortes dont nous nous sommes servis en quelques endroits, sont peut-être encore trop foibles par raport à la verité & à la Religion, qui étoient indignement traitées, & dont il falloit prendre la défense.

Apol. des Dominicains vers la fin p. 21. On y eût trouvé sur tout le Decret d'Alexandre VII, que quelques-uns de nos amis nous ont averti qui manquoit à la Lettre que nous avons fait imprimer.

Lettre au Pape.p.131. Certainement nous ne l'avons pas omis par la crainte qu'il ne nous fût pas favorable, puisque nous priïons les Jesuites de le rapporter eux-mêmes, si la prudence le leur permettoit ; mais nous osons dire qu'ils devroient nous sçavoir quelque gré de cette omission, & qu'elle peut être une preuve assez sensible que nous ne cherchons pas à

rien dire qui les blefſe, à moins que ce
qui les blefſe , ne vienne au ſujet que
nous traitons, & ne ſoit neceſſaire pour
la cauſe de la Religion que nous ſoû-
tenons.

Ceux qui ne ſont pas portez à juger
favorablement de leur prochain au-
róient pû nous ſoupçonner de ne vouloir pas aſſez épargner la Societé, ſi
nous avions donné au public les queftions qu'elle propoſa au Saint Siege
en 1656. ſous le Pape Alexandre VII,
& qui furent l'occaſion du Decret qui
les ſuivit : car on voit par ces queftions, ce que nous croyions peu utile
d'apprendre au monde, que les Pe-
rés de la Compagnie de J e s u s ont
crû devoir exempter les nouveaux
Chrétiens de la Chine de tous les commandemens de l'Egliſe ; & cela même aprês que le Saint-Siege avoit declaré qu'il faloit les y aſſujettir comme le reſte des Fideles , & avoit ordonné ſous peine d'excommunication
à tous les Predicateurs de l'Evangile,
& aux Jeſuites en particulier, d'annoncer cette doctrine , & de former
ſur ce pied-là les mœurs de ceux qu'on
recevoit au Baptême. Il n'eſt guere

édifiant d'entendre dire que par le
principe continuel d'une condefcen-
dance exceffive ces Peres ont voulu
difpenfer les Chrétiens de tout le
droit pofitif , c'eft - à - dire des jeûnes, de l'abftinence des viandes, même le Vendredy Saint , de la Confeffion & de la Communion annuelle , de
l'obfervation des Dimanches & des
Feftes , d'entendre la Meffe fût-ce le
jour de Pafques ; & de les en difpenfer abfolument , & dans toutes fortes de circonftances : car s'ils n'avoient
voulu introduire cette difpenfe que
dans les cas de neceffité , ils n'auroient pas eu befoin de recourir au
Saint Siege : tout Pafteur a naturellement ce droit-là à l'égard de fon
troupeau ; & même chaque Fidele qui
eft éloigné de fon Pafteur, peut de luy-
même fe déterminer felon la conjon-
éture où il fe trouve ; l'impoffibili-
té d'accomplir un precepte eft une difpenfe feure : mais les Jefuites vouloient qu'indéfiniment on ne parlât
point du tout aux Chinois des commandemens de l'Eglife. Par là tous les
cas douteux étoient refolus en un moment , & rien n'eftoit plus commode

que de couper ainfi toutes les difficultez par la racine.

Mais puis qu'on demande ce Decret
le voici enfin tel qu'il eft.

*L*Es queftions propofées par les Miffionnaires de la Compagnie de Jefus,
ayant été renvoyées par l'ordre de nôtre
Saint Pere le Pape, à la Sacrée Congregation de l'Inquifition fuprême & uni-
verfelle, & cette Sacrée Congregation
ayant entendu les fentimens des Qualificateurs, elle a répondu de la maniere
qui fuit.

1. On demande, fi les Miffionnaires
quand ils baptifent les nouveaux Chrétiens, doivent leur intimer le droit pofitif,
comme étant obligatoire à leur égard fous
peine de peché mortel, en ce qui regarde
l'obfervation des jeûnes, des Fêtes, de la
Confeffion & de la Communion une fois
par an.

La raifon de douter à l'égard du
jeûne, eft parce que les Chinois dès leur
enfance, ont accoûtumé de manger
trois fois le jour, y étant contraints par
la foibleffe des aliments ; les Gouverneurs
feroient obligez d'aller à jeun à leurs
Tribunaux, où ils paffent depuis huit

heures du matin, jusqu'à deux heures après midi, ce qui leur seroit tout à fait impossible.

A l'égard des Fêtes, de la Confession & de la Communion; la raison de douter est, parce que la plûpart des Chrétiens doivent travailler pour gagner sa vie, & souvent les Gouverneurs infidelles forcent les Chrétiens à faire divers travaux les jours de Fêtes. Les Gouverneurs mêmes, quand ils sont Chrétiens, sont obligez, sous peine de la privation de leur Charge, d'aller à leurs Tribunaux les jours qui sont fêtez parmi nous.

Le nombre des Missionnaires est petit, & le Royaume est tres-grand; c'est pourquoy plusieurs Chrétiens ne peuvent entendre la Messe les jours de Fêtes, ni se confesser & communier une fois par an.

La Sacrée Congregation, suivant ce qui vient d'être exposé, a été d'avis que le droit positif de l'Eglise, quant à l'observation des Jeûnes, des Fêtes, de la Confession sacramentelle, & de la Communion annuelle, doit être publié par les Missionnaires aux Chrétiens Chinois, comme étant d'obligation, sous peine de péché mortel. Qu'on peut neanmoins en

même temps expliquer les causes qui
exemptent les Fidelles de l'observation
de ces sortes de commandemens ; & que
s'il plaist à Sa Sainteté, on peut accorder aux Missionnaires le pouvoir de
dispenser, comme ils le jugeront à propos,
mais seulement dans les cas particuliers.

2°. On demande s'il est necessaire de
faire toutes les ceremonies du Baptême,
à l'égard des femmes adultes ; on demande aussi, s'il suffit de donner le Sacrement de l'Extreme-onction, seulement
aux femmes qui le demandent ; on demande même s'il ne faut pas le refuser à celles qui le demandent, lorsqu'on y pré-
voit prudemment des inconveniens, &
des perils pour toute la Chrétienté.

La raison de douter est prise de la
modestie incroyable des femmes Chinoises,
de la jalousie des Maris, & de la loüable coûtume qu'elles ont d'éviter, non
seulement la conversation, mais même le
regard des hommes ; en quoy si les Missionnaires n'usent pas d'une grande précaution, les Chinois sont extremement
scandalisez, & on pourroit exposer toute
la Chrétienté à un peril tres-évident.

La Sacrée Congregation, suivant ce
qui vient d'être exposé, a jugé que pour

une grande necessité, qui seroit propor-
tionnée à l'importance des choses dont il
s'agit, on peut obmettre dans le Baptême des femmes, quelques ceremonies, &
même entierement le Sacrement de l'Extreme-onction.

3°. On demande si la ceremonie de
recevoir les Degrez, qui se fait dans la
Salle de Confucius, peut être permise
aux Chrétiens lettrez ; car il n'inter-
vient là aucun Sacrificateur, ou Ministre de la Secte des Idolâtres, on n'y fait
rien du tout qui ait été institué par eux,
& il n'y a que les seuls Etudians, & les
Philosophes qui s'y trouvent, pour y reconnoistre Confucius comme leur Maistre,
par des ceremonies civiles & politiques,
qui par leur premiere institution, ont été
rapportées à un culte purement civil.

Car tous ceux qui doivent prendre des
Degrez, entrent ensemble dans la Salle
de Confucius, où les Chanceliers, les
Docteurs & les Examinateurs les attendent. Là ils font tous ensemble devant
le nom du Philosophe (sans rien offrir
du tout) ces ceremonies, & ces inclinations à la mode Chinoise, que tous les
Disciples font à leurs Maistres vivans ;
& ayant ainsi reconnu pour Maistre, le

Philosophe Confucius, ils reçoivent des Chanceliers les Degrez, & ils se retirent.

De plus cette Salle de Confucius est un College, & non pas un Temple proprement dit, car elle est fermée à tout le monde, excepté aux Étudians.

La Sacrée Congregation, suivant ce qui a été proposé, a jugé qu'on peut permettre aux Chrétiens de la Chine ces ceremonies, parce qu'il paroist qu'elles ne sont qu'un Culte civil & politique.

4°. *On demande si les ceremonies qui se pratiquent par les maximes des Philosophes à l'égard des Morts, peuvent être permises aux Chrétiens, en défendant tout ce qu'on y a ajoûté de superstitieux.*

On demande aussi, si les Chrétiens peuvent pratiquer avec leurs parens Infidelles, ces mêmes ceremonies permises.

On demande encore, si les Chrétiens peuvent être presens, sur tout en faisant une protestation de Foy, lors même que les Infidelles font des choses superstitieuses, non pas en y cooperant, ou en les autorisant, mais parce qu'on remarqueroit trop, si les parens s'absentoient pour lors, & que leur absence seroit une cause d'inimitié & de haine. Les Chinois n'accordent aucune Divinité aux ames des morts, ils n'esperent rien d'elles, & ils ne leur demandent rien.

Ils honorent leurs Morts en trois manieres ; la premiere est lorsque quelqu'un meurt, soit qu'il soit Chrétien, soit qu'il soit Gentil. C'est une coûtume inviolable de preparer un certain Autel dans la maison du défunt, & de placer sur cet Autel, l'Image du défunt, ou un Tableau dans lequel son nom est écrit, avec un appareil de parfums, de fleurs & de luminaires, & de mettre le corps enfermé dans un Cercueil derriere tout cela. Tous ceux qui entrent dans ces maisons pour prendre part au deüil, font trois ou quatre genuflexions devant la table ainsi preparée, & devant l'Image du Mort, en se prosternant la tête baissée jusqu'en terre, portant avec eux des chandelles & des parfums, pour les consumer & les brûler sur cet Autel, ou plûtôt sur cette Table preparée devant l'Image du Mort.

La seconde maniere, est celle qui se fait deux fois chaque année dans les salles de leurs Ayeuls & de leurs Ancêtres: car les Chinois les appellent des Salles,

& non pas des Temples ; c'est ce que si-
gnifient les termes de Tsu Tang. Elles
sont en effet les monumens ou les memoires
des Familles. Il n'y a que les Grands
Seigneurs, ou les Familles les plus ri-
ches, qui ayent de ces sortes de Salles,
on n'y enterre personne, mais seulement
sur les montagnes. On ne place donc au
dedans de ces Salles, que l'image du plus
considerable des Ancêtres, & ensuite
sur des degrez plus élevez les uns que
les autres sont rangez à la hauteur d'une
palme, des Tableaux où sont écrits les
noms, la qualité, le sexe, & l'âge de
tous les défunts de cette Famille, avec le
jour de la mort des Enfans mêmes de
l'un & de l'autre sexe. C'est donc dans
cette Salle que tous les parens s'assem-
blent deux fois l'année, les plus riches
offrent des chairs, du vin, des chandel-
les, des parfums ; les plus pauvres qui
n'ont pas le moyen d'avoir de ces Salles,
gardent les Tableaux de leurs Morts
dans leurs maisons, soit dans un lieu par-
ticulier, soit même sur un Autel, où sont
les Images des Saints, qui à cause de la
petitesse du lieu & de la maison, n'ont
point d'autre endroit pour les placer : ce-
pendant ils ne les venerent point, & ils

Q

ne leur offrent rien ; mais on les laisse là faute d'autre place ; car ces ceremonies dont on vient de parler, ne se font par les Chinois que dans la Salle des Morts, & si elle leur manque, ils obmettent aussi les ceremonies.

La troisiéme maniere est celle qui se pratique aux Sepulcres des Morts, & tous ces Sepulcres sont sur des montagnes hors les murs des Villes, selon les Loix du Royaume. Les enfans ou leurs alliez vont là au moins une fois par an, vers le commencement de May ; ils arrachent les herbes & les petites plantes qui croissent autour des sepultures, ils les nettoyent, ils pleurent, ensuite ils poussent des sanglots, ils font des genuflexions, comme il a été rapporté dans la premiere maniere d'honorer les défunts. Ils préparent des viandes cuites & du vin ; puis ayant fini de pleurer, ils mangent & ils boivent.

La Sacrée Congregation, suivant ce qui vient d'être proposé, a été d'avis qu'on pouvoit souffrir que les Chinois convertis pratiquassent ces ceremonies à l'égard de leurs Morts, même avec les Gentils, en retranchant neanmoins les choses superstitieuses ; qu'ils peuvent même,

lorsque les Gentils font ces sortes de superstitions, y être presens avec eux d'u-
ne presence purement passive, sur tout
aprés avoir fait une Protestation de Foy,
& lorsqu'il n'y a nul peril de subver-
sion, & qu'on ne peut autrement éviter
les inimitiez & les haines.

Le Jeudy 23. Mars 1656.

DAns la Congregation generale de la
Sainte Inquisition Romaine & uni-
verselle, tenuë dans le Palais Apostoli-
que de Saint Pierre, en presence de N.
S. P. Alexandre VII. par la divine pro-
vidence Pape, & des Eminentissimes
& Reverendissimes Cardinaux de la
Sainte Eglise Romaine, Inquisiteurs
Generaux, specialement Deputez par le
Saint Siege contre les Heresies dans
toute la Republique Chrétienne.

Aprés avoir fait le rapport des De-
mandes cy-dessus exposées & des Re-
ponses & Resolutions de la Sacrée
Congregation ; Nôtre Saint Pere le Pape
Alexandre VII. a approuvé ces mêmes
Resolutions & Reponses. Signé JEAN
LOUP, Notaire de la Sainte Inquisi-
tion Romaine & Vniverselle, &c.

La place du Sceau.

Comme les Jesuites commencent à manquer de couleurs, pour couvrir la longue resistance qu'ils apportent à la Décision du Saint Siege ; nous apprenons qu'ils ont resolu de s'attacher presque uniquement deformais, à se donner au public pour Défenseurs zelez d'un Decret Apostolique, reduisant toute l'affaire dont il s'agit à ce point simple & intelligible ; s'il vaut mieux casser & aneantir le Decret d'un Pape, que d'y obeir. Quelle bonne foy ! ils voudroient rendre les Vicaires Apostoliques coupables de désobeïssance & de rebellion. Ils voudroient mettre le S. Siege entre les Evêques & eux, afin de parer & de détourner les coups, qui doivent tomber sur leur tête ; semblables à ceux qui se refugioient autrefois dans les Temples, où ils se faisoient un Rampart des Autels, contre les Ministres de la Justice qui les poursuivoient. Mais leur adresse est vaine : l'Autel demeurera inviolable, & ils ne pourront échaper.

REMARQVES SVR CE DECRET.

PRemiere *Remarque.* LE DECRET D'ALEXANDRE VII. SUR LES CEREMONIES DE LA CHINE, A ESTE' DONNE' PAR MANIERE DE PERMISSION, ET CELUY D'INNO-CENT X. PAR MANIERE DE LOY, ET DE PRECEPTE.

Les réponſes des Cardinaux aux deman-des des Jeſuites, furent approuvées, ſelon la coûtume, par le Pape Alexandre VII. comme celles de 1645. l'avoient été par le Pape Innocent X. mais avec cette diffe-rence, qu'Alexandre VII. ſe contenta de dire, qu'aprés avoir vû les reſolutions que la Sacrée Congregation avoit données aux queſtions propoſées par les Jeſuites, & les réponſes qu'elle y avoit faites, Il les avoit approuvées ; au lieu qu'In-nocent X. ajoûtoit à ſon Approbation, que, *pour conſerver l'uniformité dans la prédication de l'Evangile, & dans la maniere de l'obſerver, Sa Sainteté or-donnoit, & commandoit ſous une étroite obligation, & ſous peine d'une excommu-nication, dont la Sentence étoit dèja por-tée, &. dont l'Abſolution étoit reſervée*

*à Sa Sainteté & au Saint Siege Apos-
tolique ; ordonnoit , dis-je , à tous les
Missionnaires, & à chacun d'eux , de
quelque Ordre & Religion qu'ils fussent,
même de la Compagnie de Jesus , qui
étoient alors , ou qui seroient dans les
Royaumes de la Chine , d'observer exactement les réponses & les resolutions qui
venoient d'être données , de s'en servir
dans la pratique , & de les faire observer , & pratiquer par tous ceux à qui
il appartiendroit.*

Ainsi le Decret d'Alexandre VII. ne
renferme qu'une simple permission ,
au lieu que celui d'Innocent X. renferme un precepte, & un precepte d'autant
plus important , qu'il doit mettre l'u-
niformité dans la conduite de tous
les Predicateurs de l'Evangile. On n'est
pas coupable pour ne se pas servir d'une
permission ; mais on est coupable, quand
on manque à accomplir un precepte.

Seconde Remarque. LE DECRET
D'ALEXANDRE VII. N'A POINT
REVOQUÉ CELUY D'INNOCENT X.
Les Jesuites pretendoient qu'il l'avoit
revoqué. Ils le publioient par tout. Ils
troubloient toutes les Eglises de la Chine

en ne voulant plus que l'on parlaſt de la
regle ſage que le Pape Innocent X. avoit
établie. On avoit beau leur repreſenter
que leur pretention étoit mal fondée ,
ils étoient les plus forts; & pour vaincre
leur reſiſtance , il falut enfin que le Pape
Clement I X. déclarât treize ans aprés
par un troiſiéme Decret, que celui d'Innocent X. ſubſiſtoit toûjours dans toute
ſa force & l'on ne peut aſſez s'étonner
que les Jeſuites qui l'ont ſi conſtamment
tranſgreſſé , oſent dire encore aujour-
d'hui en parlant de la conduite des Vicaires Apoſtoliques à l'égard du Decret
d'Alexandre VII. *Quel Tribunal au* Lettre à M.
monde pourra juſtifier des perſonnes qui le Duc du
ont refuſé durant plus de quarante ans , Maine. p.
d'obeir à un Decret du moins en apparen- 149.
ce contradictoire. Il falloit au moins en
rabattre 27. ans , puiſque certainement
aprés le Decret de Clement IX. les Vicaires Apoſtoliques étoient en droit de
ſuivre celuy d'Innocent X.

Troiſiéme Remarque. LE DECRET
D'ALEXANDRE VII. N'EST POINT
CONTRADICTOIRE A L'EGARD DE
CELUY D'INNOCENT X.

On ne trouvera dans aucun endroit

de ce Decret d'Alexandre VII. que
les parties qui y étoient interessées
ayent été entenduës. On a fait voir au
contraire, que qui que ce soit à Rome,
ne s'étoit opposé a ce que les Jesuites
avoient demandé : mais ils vont toûjours leur chemin , & continuent de
dire avec une confiance & une tranqui-
lité parfaite ; *le Pere Martini avoit ob-*
tenu le jugement d'Alexandre VII. aprés
une longue discussion, & un examen tres-
rigoureux. Nos adversaires avoient ex-
posé leurs raisons, nous avions ensuite ex-
pliqué les nôtres.

D I E U permet qu'ils n'ayent pas plus
d'exactitude sur la verité, afin que selon
la regle de l'Evangile , ils soient jugez
par leurs paroles.

Vous dites que le jugement d'Alexandre VII. est contradictoire : que vous
& vos adversaires aviez amplement exposé vos raisons : qu'on avoit fait un
long & rigoureux examen: Le Pere Martini étoit un homme tres-habile selon
vous , & tres-éclairé dans les usages de
la Chine : il ne negligea rien pour autoriser ses pretentions: On n'agit à Rome
que par écrit : il produisit toutes les pieces qu'il lui fut possible de ramasser:tout

fut difcuté , tout fut pefé , tout fut
éclairci. Tous ces témoignages demeu-
rent encore aujourd'huy entre les mains
de la Sacrée Congregation. Si cela eft,
vous avez grand tort , de demander
encore du temps , & de crier par tout
comme vous faites , dans vos difcours
& dans vos écrits , qu'on vous preffe
trop, qu'on ne vous donne pas le loifir
de vous reconnoître , qu'on ne veut pas
vous entendre , qu'il vous refte encore
mille chofes à dire qui font effentielles;
qu'on ne peut pas vous refufer fans in-
juftice , de faire venir de la Chine quelques-uns de vos Peres, chargez de nouvelles pieces & de nouveaux témoignages ; qu'au défaut des vivans , on devroit du moins écouter les Morts ; qu'il
vous refte encore entr'autres quatre volumes de vos Peres Brancati , le Favre,
Intorcetta & Philipucci, qui font des
ouvrages incomparables , comme s'ils
étoient inconnus à Rome , & que jufqu'à prefent vous les euffiez tenus fous
la clef. La Sacrée Congregation en-
nuyée de ces delais infinis , & vous
ayant déja accordé, comme il eft dit dans
l'Apocalipfe, un temps, des temps , & la
moitié d'un temps , que vous n'aviez

nulle raison de demander, avoit ordonné qu'enfin on vous donneroit encore six mois, pour épuiser, s'il étoit possible, tout ce qui vous viendroit dans l'esprit; Il y en a bien-tôt neuf, que ces six mois sont passez, & on n'en est pas plus avancé.

On vous l'a déja dit. Ce n'est point l'éclaircissement que vous cherchez, c'est le retardement ; vous voudriez prolonger l'affaire jusqu'à la Beatification du saint Pape Innocent X I I. Il ira au Ciel aussi-bien que M. le Cardinal Cazanatte. Un Conclave vous donneroit du temps. Vous esperez qu'un nouveau Pape vous seroit plus favorable ; en un mot, ne pouvant gagner vôtre cause, vous voudriez bien ne la pas perdre ; & comme vous sentez assez que l'Eglise n'a garde de se couvrir d'une éternelle confusion en approuvant vos sentimens tels qu'on les connoît aujourd'huy : vous voudriez du moins qu'on vous laissât là, & comme parlent vos bons amis a Rome, que l'on sauvât vôtre honneur. Nous le voudrions bien aussi, pourveu qu'en même temps, l'on pût sauver l'honneur de la Religion, & mettre en seureté le salut de tant de

peuples. Mais comme il nous paroît
abfolument impoffible de fauver tout
enfemble l'un & l'autre : ayez la gene-
rofité de faire un facrifice de vos interêts aux interêts de JESUS-CHRIST.
Celuy à qui vous confierez vôtre dépôt,
eft affez puiffant pour vous le garder,
& affez bon pour vous le rendre dans
le grand jour où il éxaltera les hum-
bles.

Quatriéme Remarque. LE DECRET
D'ALEXANDRE VII. PAROÎT CON-
TRAIRE A CELUY D'INNOCENT
X. ET DANS LE FONDS IL NE L'EST
PAS.

L'intention de ces deux Papes eft la
même, ils pretendent également procu-
rer la converfion des Gentils, & confer-
ver la pureté de la Religion Chrétienne;
ils condamnent l'un & l'autre tout ce
qui reffent la fuperftition & l'idolâtrie;
mais ils répondent differemment, fuivant
qu'on leur expofe les faits. Les Jefuites
viennent affûrer Alexandre VII. que
de certaines ceremonies Chinoifes font
tout à fait exemptes de fuperftition, &
que fi en ne les permet pas, on empê-
chera un grand nombre de Payens de

se convertir. Le Pape peut-il leur répondre autre chose, sinon : si vous dites vray, vous pouvez les leur permettre. La réponse est juste, mais la demande ne l'étoit pas, puisqu'elle se trouvoit tres-éloignée de la verité. Ils protestent que les gens de Lettres de la Chine, dans l'honneur qu'ils rendent à Confucius & à leurs Ancêtres morts, n'offrent rien, ne demandent rien, n'esperent rien ; qu'en un mot il n'y a dans tout ce qu'ils font nul mélange de superstition, cependant c'est formellement tout le contraire : ce n'est donc pas le Souverain Pontife qui a manqué, en leur répondant ; ce sont eux qui ont fait une grande faute en le surprenant.

Les Vicaires Apostoliques comprirent d'abord, que ce n'étoit pas tant les Decrets en eux-mêmes qu'il falloit considerer, que les exposez sur lesquels ces Decrets étoient fondez, & ils n'eurent pas de peine à voir, que si pour plaire aux Jesuites, ils avoient la lâcheté de conclure en faveur du rapport que ces Peres avoient fait en 1656. en abandonnant celuy qui avoit été fait en 1645. ils concluroient precisément en faveur du mensonge, en abandonnant

la

la verité. Ils ont agi avec prudence, & en gens de bien, & n'ont pas craint de s'expofer, pour l'honneur de leur minif- tere, à tout ce qui pouvoit leur arriver de la part de leurs inferieurs puiffans & revoltez contr'eux. Ils font entrez dans les intentions du Saint Siege, perfua- dez que s'ils avoient pû prendre des aî- les comme la Colombe, & venir de- mander à Rome, fi le deffein du Vicai- re de JESUS-CHRIST étoit, qu'on fui- vit le Decret d'Alexandre VII. au cas qu'il fe trouvât appuyé fur un mauvais fondement, le Pape n'auroit pas ba- lancé à leur répondre que NON. Ils fe font conformez à cette réponfe qu'ils ont juftement prefumée, & l'on peut dire qu'ils ont donné à l'obeïffance en- vers le Saint Siege, toute fon étenduë, & toute fa perfection, en accomplif- fant felon la Lettre le Decret d'Inno- cent X. & en accompliffant felon l'ef- prit celuy d'Alexandre VII; au lieu que les Jefuites, en tournant tout felon leurs vûës, ne fuivent ni les ordres d'Innocent, ni les intentions d'Ale- xandre.

R

Cinquiéme Remarque. LE DECRET D'ALEXANDRE VII. A ESTE' RENDU SUR UN FAUX EXPOSE', ET CELUY D'INNOCENT X. SUR UN EXPOSE' TRES - SINCERE ET TRES-VERITABLE.

Voila fans doute le nœud de la difficulté, & le point précis de la queftion : mais ce ne feroit plus ni une queftion, ni une difficulté, fi on avoit affaire à d'autres perfonnes qu'aux Jefuites ; les faits ont été fi bien éclaircis, qu'il n'y refte d'obfcurité que celle que ces Peres prennent la peine d'y répandre. On s'eft fervi pour les en convaincre du témoignage de beaucoup d'Auteurs confiderables par leur doctrine, par leur pieté, & par leurs longs travaux dans la Chine ; du rapport fidelle des Vicaires Apoftoliques qui doivent être regardez comme des Commiffaires fpecialement deputez du Saint Siege fur cet article ; de la dépofition juridique de M. Aleoniffa Evêque de Berite, & Vicaire Apoftolique dans la Chine, dont les réponfes à la Sacrée Congregation, & à M. le Cardinal Cazanatte ont un air de fincerité &

de verité , qui frappent tous ceux qui
les lifent ; de l'aveu tacite des derniers
Jefuites , qui en ces temps-cy ont défendu leur caufe à Rome , & qui dans
les écrits qu'ils ont produits aſſez am-
ples , & en aſſez grand nombre , ont
fuppofé les faits comme conftans , juf-
que-là que n'ofant les nier , ils ont
mieux aimé entreprendre de les juftifier ; & enfin d'un recueil de Paſſages
de leurs propres Ecrivains , qui n'ayant
pas le don de Prophetie , & ne pré-
voyant pas jufqu'où leurs Peres devoient s'engager un jour dans la défenfe
des idolâtries & des fuperftitions Chinoifes , ont parlé de bonne foy , &
ont rapporté les chofes comme ils les
voyoient. Auſſi les vingt Jefuites de
l'aſſemblée de Canton, crurent beaucoup
faire pour l'honneur du P. Martini &
pour la gloire de leur Compāgnie, que
de dire , qu'il étoit probable que ce
Pere avoit expofé la verité. De-là vient
fans doute , qu'à la tête de chaque réponfe , qui compofe le Decret d'Alexandre V I I. on repete toûjours cés
paroles ; conformément à ce qui vient
d'être propofé. *Juxta ea quœ fuperius
propofita funt ,* ce qui veut dire propre-

ment ; pourvû que la chofe foit de la maniere qu'elle a été expofée , fans quoy la réponfe & la refolution feroient nulles , precaution qu'on n'avoit pas prife dans le Decret d'Innocent X. & qu'on ne prend guere en effet , que quand on fe défie un peu des gens.

Sixiéme Remarque. LE DECRET D'ALEXANDRE VII. EST RESPECTE' PAR LES VICAIRES APOSTOLIQUES , AUTANT QUE CE-LUY D'INNOCENT X.

Il ne faut qu'entendre de quelle ma-niere ils en parlent dans leur Mande-ment, les réponfes que le S. Siege a fai-tes ; difent-ils , fous le Pape Alexandre VII. ont été renduës tres-fagement , & conformement aux circonftances expri-mées dans les doutes qui avoient été pro-pofez , à la verité ils interdifent aux Fi-delles , les ceremonies folennelles de Confucius , mais il n'en étoit point par-lé dans le Decret d'Alexandre VII. Ils difent que l'expofé qu'on fit alors au Souverain Pontife , n'eft pas veritable, & en confequence du manquement de fincerité qui s'y trouve , ils ajoûtent qu'on ne peut affifter aux ceremonies folennelles que les Chinois font en l'honneur de leurs Ancêtres morts, parce que les chofes s'y paffent tout au-trement qu'on ne les a rapportées: C'eft aux Jefuites qu'il s'en faut prendre.

Il eft bien vray, qu'on examine auffi aujourd'huy dans la Sacrée Congrega-tion les ceremonies moins folennelles qui fe font à Confucius ; mais ce font les Cardinaux, qui par leur fageffe & par leur bon efprit, ont bien vû qu'il n'en falloit pas faire à deux fois, & qu'on devoit ôter à tout le monde, la tentation de fe prevaloir, comme ont fait les Jefuites, pour authorifer les grandes ceremonies, de la permiffion qui fembloit avoir été donnée en faveur des ceremonies moins folennelles.

Auffi Rome n'a-t-elle jamais trouvé que les Vicaires Apoftoliques euffent manqué en rien à la foûmiffion, ni mê-me à la veneration qui eft duë au Saint Siege. Elle a reçû favorablement le Mandement qui luy a été prefenté de leur part, & qu'ils foûmettoient eux-mêmes de tout leur cœur à l'authorité & à la cenfure Apoftolique, mais les Jefuites par une fauffe delicateffe, fe font honneur de témoigner plus de fenſibilité pour le Saint Siege, que le Saint Siege n'en témoigne pour luy-même.

Septième remarque. LE DECRET D'ALEXANDRE VII. A ESTE' ACCOMPAGNE' DE PLUSIEURS MODIFICATIONS, AUXQUELLES LES JESUITES ONT DONNE' LIEU, ET QUI NE SE TROUVENT POINT DANS CELUY D'INNOCENT X.

Il n'y a que ceux qui connoiſſent le prix des ames, qui puiſſent comprendre que l'Egliſe Romaine en deſcendant juſqu'aux moindres details, & en ſuivant ce qu'on luy propoſe, juſqu'aux dernieres préciſions, agiſſe en cela même par l'Eſprit de Dieu, & par le principe d'une ſageſſe plus profonde que celle, qui dans la perſonne de Salomon, s'étendoit depuis le Cedre juſqu'à l'Hiſope ; il ſuffit que la déciſion d'un cas obſcur & difficile, puiſſe être utile au ſalut d'une ſeule ame, le Saint-Eſprit ne dédaigne pas de s'y appliquer.

Telles ont été les réponſes qui furent données aux Jeſuites dans le Decret d'Alexandre VII. Ces Peres avoient propofé tant de circonftances, & tant de conditions differentes , qu'il eft malaifé de croire, qu'elles puiffent fe rencontrer dans une même perfonne: mais comme abfolument parlant il fe pourroit faire qu'elles s'y rencontraf-fent , le Saint Siege n'a pas refufé d'y donner fon attention.

Cependant les Jefuites font peu ex-cufables , d'avoir voulu faire une regle generale de ce qui étoit fi particulier & fi rare.

On leur accorde la permiffion qu'ils ont demandée, pourvû que tout ce qu'ils ont propofé foit conforme à la verité, *Juxta ea quæ fuperius propofita funt.* Nous avons examiné cette premiere fuppofition ; & nous l'avons trouvé fauffe.

Pourvû que les ceremonies dont il s'agit, ne foient mêlées d'aucune fu-perftition, *Sublatis tamen fuperftitiofis.*

Pourvû que les Chrétiens y affiftent d'une maniere purement paffive, c'eft à dire fans concourir à rien de ce qui s'y fait. *Poff. etiam affiftere tantùm,*

Pourvû qu'en de certains cas, du moins on leur faffe faire auparavant une pro-ffion de foy , *Præfertim factâ fidei pro-teftatione.*

R iiij

Pourvû qu'il n'y ait pour eux aucun peril de subverfion, *Et ceffante periculo fubverfionis.*

Pourvû qu'il foit vray qu'on ne puiffe par aucun autre moyen éviter les haînes, & les inimitiez des familles, *Et quando aliter odia & inimicitiæ vitari non poffunt.*

Si un homme droit & d'une confcience tendre avoit obtenu une femblable réponfe, il ne croiroit pas pouvoirbeaucoup s'en prévaloir. Toutes les modifications fages dont elle eft remplie luy en rendroient l'ufage comme inutile. Il en reviendroit d'abord à la loy commune, qui condamne & qui interdit ces ceremonies Payennes ; & hors de-là il ne verroit point pour luy de fûreté, parce qu'il craindroit toûjours que quelqu'unes des conditions qu'on auroit exigées, ne luy manquât. Tantoft il apperçevroit dans ces ceremonies plufieurs fuperftitions qui n'en font pas feparées: tantôt il apprehenderoit de ne pouvoir s'y tenir fi paffivement, qu'il ne donnât pas du moins quelque figne de vie, en faveur de tout ce qui fe pafferoit fous fes yeux : tantôt il ne fçauroit où placer fa profeffion de foy, & craindroit que les

perfonnes qui ne l'auroient pas enten-
duë , ne fuffent fcandalifées de le voir
là : tantôt il fentiroit dans fon cœur de
certains affoibliffemens fur la Foy , par
les prejugez de fon enfance , de fa nation , de fes parens ; affoibliffemens qui
ne feroient , fi vous voulez , que des ten-
tations , mais qui pourtant luy feroient
craindre quelque danger de fubverfion:
tantôt enfin il douteroit , fi d'affifter à
ces pernicieufes ceremonies , eft un
moyen abfolument neceffaire , pour éviter les inimitiez de fes proches , fi ces
inimitiez font immanquables , s'il n'y a
pas d'autre voye pour s'en preferver ,
fi le pretexte d'une affaire , ou d'une
indifpofition, ne vaudroit pas mieux , fi
les Peres de la Compagnie , qui ont
tant d'efprit, ne pourroient pas luy fournir quelque meilleur expedient , fi c'en
eft même un bon , que de venir au milieu de fa parenté leur dire en face ,
qu'on ne croit rien de ce qu'ils croyent ,
& qu'on ne veut prendre aucune part a
tout ce qu'ils font : Il hefiteroit fi cette
maniere ne feroit pas plus capable de les
choquer que de leur faire plaifir , & s'il
n'auroit pas mieux fait de fe tenir renfermé chez luy. Toutes ces perplexitez

& toutes ces inquietudes font raifonnables , & doivent naturellement tomber dans l'efprit : il eft étonnant qu'elles ne tombent pas dans celuy des Jefuites , qui dés-là ne pourroient plus fe
fervir vniverfellement , & de la maniere qu'ils le font , de la permiffion
d'Alexandre VII.

S'il faut un Decret aux Jefuites pour
en faire l'objet de leur zele, que ne choi-
fiffent-ils celuy du Pape Innocent X.
Il y auroit bien plus d'honneur pour
eux à fe rendre zelateurs d'une décifion
où le Saint Siege a été bien informé ,
& qui met à couvert la pureté de la
Religion , que d'une autre où certainement il y a eû de la furprife , & qui
par les mauvaifes confequences qu'on
en tire , détruiroit ou altereroit tout le
Culte Evangelique.

Mais ils trouvent leur avantage à
oppofer ainfi Decret a Decret. Ils feroient ravis de perfuader par-là que l'affaire eft fi obfcure , & fi embroüillée,
qu'on n'y comprend rien. Le coup de
partie pour eux auroit été de pouvoir
difputer éternellement fur la fignification des termes Chinois. *Miao*, eft-ce un
Temple ou un Palais? *Tci*, eft-ce un fa-

crifice ou un festin? Qui décidera ? Ravis de s'enfoncer de plus en plus dans la diversité des faits , comme dans l'épaisseur d'une forêt, pour n'être point découverts. Les ceremonies se font-elles à l'égard des vivans, comme à l'égard des morts ? Les animaux qu'on tuë, est-ce pour les offrir en sacrifice, ou seulement pour les manger? Les paroles qu'on recite sont-elles des Oraisons ou des Eloges ? L'honneur qu'on rend à l'esprit de Confucius & aux manes des Ancêtres, est-il politique ? est-il religieux ? espere-t on quelque chose ? n'espere-t-on rien ? Vous dites que ouy, je dis que non; qui de nous deux est le plus croyable? Ce devroit être sans doute les Vicaires Apostoliques, puisque c'est à eux qu'il appartient d'en juger ; mais les Jesuites ne veulent pas les en croire , & bien loin de se soûmettre, comme ils le devroient, à leurs Ordonnances ; ils font courir le bruit qu'ils ont été revoquez de la Chine , & ne craignent pas de publier dans leurs écrits, cette revocation qui ne fut jamais.

Mais quand tout ce que les Peres avancent seroit vray , se dissimuleront-ils toûjours à eux-mêmes, qu'il ne s'agît pas icy d'une affaire humaine, que le Saint-Esprit gouverne l'Eglise, que rien n'est impenetrable à sa lumiere, qu'il a la science des termes & de la voix, *Scientiam habet vocis*, & que quand la recherche & l'examen a été porté jusqu'à un certain degré, dont la prudence doit être contente, c'est à ce divin Esprit à faire le reste. Disons mieux, se dissimuleront-ils toûjours, que l'ardeur de soûtenir les ceremonies Chinoises, les a engagez dans une erreur, qui seroit capable, si elle n'étoit arretée, de renverser toute la Religion Chrétienne, & que ce pas si terrible, & si funeste, qu'on veut croire qu'ils ont fait sans y penser, devroit les rendre pour jamais plus retenus & plus circonspects.

Tout le monde Chrétien est dans l'attente du party qu'ils vont prendre sur la Proposition dénoncée au Pape. Ils avoüent que les ceremonies de la Chine, sont aujourd'huy mêlées de beaucoup de superstitions. Ils n'avoient d'esperance de les sauver, qu'en les purifiant, ni d'autre moyen de les purifier, qu'en y mettant pour ainsi dire

la reforme, & les rappelant à leur premiere Inftitution : il fe trouve malheu-
reufement que cette premiere Inftitution, eft un renverfement de la veritable Religion. Que leur refte-t-il ? &
pourquoy continuer de vaines & fcan-
daleufes difputes ?

Ils peuvent apporter tant de mauvaifes raifons qu'il leur plaira, colorer
leurs démarches, les rendre plaufibles
& fpecieufes, dire qu'ils ne prétendent autre chofe que de faciliter la converfion de la Chine, qu'ils ont pour
eux un Decret de Rome, que chaque
Nation a fes coûtumes, qu'on n'eft
point étonné de nous voir encenfer
nos Morts, ni même continuer pendant
quelques jours à couvrir de viandes les
tables où ils avoient accoûtumé de manger, quoi qu'entre les Chinois & nous
il y ait fur tout cela une difference infinie ; que quelques Vicaires Apoftoliques ont écrit des Lettres qui paroiffent favorables à l'opinion des Jefuites, quoyque ceux qui les ont écrites, les entendent dans un fens tout
different : Ils peuvent fe fervir contre
ces pieux Evêques des témoignages de
charité & de douceur qui fe trouvent

répandus jufques dans leur Mandement, & faire femblant de ne pas voir que ce Mandement ayant efté fait pour la Chine, & non pour l'Europe, il étoit important de n'y pas condamner ouvertement auprés des nouveaux Chrétiens la conduite de ceux qui leur avoient annoncé l'Evangile: que c'eft précifément dans cet efprit qu'on a dit qu'on ne prétendoit point blâmer les hommes Apoftoliques, qui jufqu'alors avoient eu d'autres fentimens : qu'il faloit plûtoft croire qu'ils avoient tous cherché la verité, agi felon Dieu, & fuivi la lumiere & le mouvement de leur confcience, lorfque dans des chofes nouvelles, obfcures & étrangeres pour eux ils n'avoient pas efté de même avis. Les Jefuites peuvent diffimuler tant qu'ils voudront, que c'eft la prudence Evangelique & la charité toute pure qui a porté les Vicaires Apoftoliques à parler ainfi, comme ces mêmes vertus portent tous les jours les Confeffeurs fages qui s'aperçoivent qu'un autre Confeffeur a donné des décifions fauffes ou des confeils peu raifonnables à infinuer au penitent, que c'eft luy qui s'eft mal expliqué, ou qui a manqué d'expofer en dé-

tail des circonstances qui auroient
fait juger autrement ; rien n'estant
plus ordinaire dans la conduite des
hommes prudens & charitables, que
de décharger autant qu'ils peuvent
les personnes, dans le temps même
qu'ils condamnent fortement les fau-
tes.

Ces Peres peuvent ajoûter que c'est à
leur grand credit que les autres Miffionnaires se trouvent redevables de ce
qu'ils font : bonne raison, quand ils
diroient vrai, pour engager par recon-
noiffance ces Miffionnaires à leur facrifier la verité.

Ils peuvent publier encore, fans que
l'on entre en compte avec eux, qu'ils
ont eu dans leur Compagnie des centai-
nes de Martirs : comme fi le martire &
les erreurs étoient incompatibles dans
une Societé auffi nombreufe que la
leur, & comme s'il n'étoit pas certain
que nul de ceux qu'ils nomment Martyrs, n'a jamais foûtenu les fuperftitions
qu'ils foûtiennent aujourd'hui, & qu'au
contraire on leur a cité des Martyrs qui
les ont tres-fortement combatuës. En un
mot ces Peres peuvent fe fervir de mille
tours ingenieux pour perfuader qu'ils

ont raiſon. Mais à tout cela deux paroles pour réponſe :   Qu'ils laiſſent
juger le Pape , & qu'ils abandonnent
les propoſitions d'erreur qu'on a dénon-
cées , nous ferons les premiers à leur
donner les loüanges qu'ils meriteront.

---

*MEMOIRE DES ECRITS PRESENTEZ
à Rome , ſur les Idolatries , & ſur les.
Superſtitions Chinoiſes.*

EN 1696. M. Quemener, à preſent
Evêque de Sura , preſenta à Rome
le Mandement de M. Maigrot , accompagné d'une Requête , pour demander que le Saint Siege reglât ce
qu'il luy plairoit ſur ce Mandement.

Le 19. Mars 1697. M. Charmot donna à la Sacrée Congregation du Saint
Office un Memoire , où il expoſoit
les raiſons qui devoient preſſer les Cardinaux , de s'appliquer à l'examen &
au jugement de cette affaire.

Le ſecond jour de May de la même
année , le Procureur General de la Societé , donna une Supplique , où il demandoit que les Jeſuites fuſſent reçûs
à s'oppoſer à la confirmation du Mandement ; & qu'on leur communi-
quât toutes les pieces , qui juſqu'àlors
avoient été produites.

Le 28. de Juin fuivant, le General de la Compagnie de JESUS écrivit à l'Affeffeur du Saint Office qu'on luy avoit communiqué les écrits produits par M. Charmot, qu'il chargeroit un de ces Peres d'y répondre, mais qu'il falloit du temps pour cela.

Le 3. Juillet de la même année, la Sacrée Congregation ordonna à M. Charmot, de faire le Traité intitulé, la Verité du Fait, *Veritas facti*, prouvée par les Auteurs de la Compagnie.

Le 6. Aouft fuivant, M. Charmot prefenta une Réponfe à la Lettre du Pere General, & le Traité, *Veritas Facti.*

Le 12. Septembre de la même année, le Procureur General de la Societé, donna une autre Supplique, où, aprés avoir marqué qu'il avoit lû les deux derniers Ecrits de M. Charmot, il demandoit du temps pour répondre plus amplement.

Le 23. du même mois, M. Charmot donna une Réponfe à cette Supplique du Procureur General de la Societé.

Quelque temps aprés, le Pere Dez prefenta un grand Traité de quatre-cens pages intitulé, Obfervations fur le Mandement. *Observationes in Mandatum*, &c.

Le 29. Juillet 1698. M. Charmot répondit aux Observations du Pere Dez, par son Traité intitulé, Remarques sur les Observations. *Nota in Observationes*, &c.

A la fin du mois d'Aoust de la même année, fut mise entre les mains de l'Assesseur du Saint Office, une Supplique de plus de cent pages du Pere Dez au Pape. *Libellus Supplex*, &c. où il parloit sur tous les points du Mandement. Comme il étoit important pour les Jesuites, de faire croire que cette piece avoit été faite avant qu'ils eussent lû les derniers écrits qu'on avoit fournis contr'eux, quoy-qu'elle ne parût qu'à la fin du mois d'Aoust, ils la datterent du mois de May.

Vers ce temps-là, le Pere Dez donna un nouveau Traité de plus de deux cens pages, intitulé, Reste des Observations. *Observationes Residuales*, &c. avec deux autres pieces qui y étoient attachées; l'une sur les Livres de la Chine; l'autre sur la Lettre que M. Maigrot avoit écrite au Pape, pour accompagner le Mandement.

Le 7. Octobre 1698. M. Charmot répondit à ce dernier Traité du Pere Dez, par celuy qu'il intitula, Courtes Remarques. *Breves Notationes*, &c.

Le 22. du même mois, M. Charmot répondit à la Supplique du Pere Dez, par un écrit intitulé Refutation, &c. *Dispunctio*, &c.

Quelques mois aprés, les Jesuites, pour rendre leurs repetitions moins ennuyeuses, changerent de Langue, & presenterent en Italien un nouveau Traité, qu'ils intitulerent ; *Eclaircissemens pour la Compagnie de* JESUS *sur les usages de la Chine.*

Monsieur Charmot y répondit par un Traité qu'il appella, la Défense de ses Ecrits. *Vindiciæ Scriptorum*, &c.

Dans l'espace de deux mois, les Jesuites donnerent encore en Italien quatre autres Traitez, dont voicy les dates & les titres. Le 23. Aoust 1699. *Notizie intorno all' uso delle voci Cinesi* TIEN COELUM, *&* XAMTI ALTI DOMINUS *o' vero* SUPREMUS IMPERATOR. Le lendemain : *Notizie circa l'uso delle Tabelle colle parole Cinesi* KING-TIEN COELUM COLITO.

Le 16. Septembre de la même année *Riſtretto delle Notizie circa l'uſo della voce Cineſe* XAMTI *Che ſignifica* Su-PREMUS IMPERATOR *o vero* ALTI DOMINUS; *& della voce* TIEN *che ſigni-ſica* COELUM. Le 26 du même mois: *Breve Riſtretto delle Notizie già dedotte circa l'uſo delle Tabelle colle parole Cineſi* KING-TIEN; COELUM COLITO.

Le 16. Novembre ſuivant M. Char-mot répondit tout à la fois à ces quatre Traitez, par un écrit qu'il intitula Se-condes Défenſes; *Secunda Vindiciæ,* &c.

La Congregation reduiſit tout ce qui avoit été produit de part & d'autre en une eſpece de Sommaire, qu'elle intitu-la, Queſtions de la Chine à propoſer: *Sinarum Quæſita proponenda,* &c. & qu'elle mit entre les mains des Quali-ficateurs.

Les Jeſuites entreprirent de com-battre l'expoſition que les Cardinaux avoient faite; premierement par un écrit qui avoit pour titre, Inſtruction & Supplique des Peres de la Compa-gnie de JESUS; *Informationi e Suppli-che.* En ſecond lieu par un Traité qu'ils intitulerent; Expoſition du fait: *Ex-poſitio faſti,* &c.

Par des Lettres dattées de Rome du

15. Juin de cette année, on apprend que les Jesuites avoient presenté depuis peu, six autres Traitez des Peres Brancati, le Favre, Intorcetta, Philippucci, Dez, & le Comte.

Si on ajoûte à tout cela les Informations que le Pere Martini avoit données à Rome en 1656. & où il n'avoit rien obmis de ce qui étoit favorable à son sujet : Si on ajoûte aussi la multitude des autres ouvrages qu'ils ont publiez en France depuis quinze ans, on verra s'ils ont raison de repeter sans cesse qu'on ne leur donne pas le temps de se défendre, qu'ils apprennent par la Hollande les écrits qu'on produit contre eux à Rome ; que si on continuë d'en user ainsi, ils auront droit de dire, qu'ils n'ont pas été écoutez : & le Public jugera par là quelle creance on doit donner à des gens qui parlent & qui écrivent ainsi.

ERRATA.

PAge 18. *ligne* 29. c'est-à-dire, *lisez* c'est de dire.
P. 30. *à la premiere citation* L. P. Polanco, *l.* le
P. Polanco.
P. 32. *l.* 23. Notaite, *l.* Notaire
P. 35. *l.* 22. a *l.* ou
P. 37. *l.* 27. imter, *l.* imiter
P. 40. *l.* 29. jusqn'à, *l.* jusqu'à
P. 45. *l.* 85. avoienr, *l.* avoient
P. 47. *l.* 7. gratuictment, *l.* gratuitement.
Ibi l. l. 19. l'entendenr, *l.* l'entendent
Ibid. l. 29. les Petes, *l.* les Peres
P. 52. *l.* 18. orreur, *l.* erreur.
P. 53. *l.* 25. regarder ccomme, *l.* regardera comme
Ibidem. l. 27. regardera omme, *l.* regarder comme
P. 57. *l.* 26. reuvoya, *l.* renvoia
P. 78. *l.* 22. juseré, *l.* inseré
P. 88. *l.* 23. induiseur, *l.* induisent
P. 97. *l.* 6. jusqu'au, *l.* jusqu'aux
P. 102. *l.* 17. l'adorant, *l.* adorent
P. 105. *l.* 28. qnarante, *l.* quarante.
P. 110. *l.* 3. & 4 par où nous, *l.* par où nous nous
P. 132. *l.* 9. le sujet ces, *l.* le sujet de ces
P. 143. *l.* 18. à l'étude à, *l.* à l'étude & à
P. 245. *l.* 3. qu'on les écrivoir, ou qu'on les prononçoit, *l.* qu'on les écriroit ou qu'on les prononceroit.
P. 148. *l.* 21. bieu, *l.* bien
P. 150. *l.* 27. uons, *l.* nous

Dans la premiere Edition page 31. *à la seconde citation mise à la marge on s'est trompé en attribuant au P. Dez ce qui a esté écrit par son Confrere le P. Baldeggiani.*